„Ein lebendiges und einfühlsames Dokument menschlicher Erfahrung in schrecklichen Zeiten."

–JASON LUTES, Autor von *Berlin*

„Gleichermaßen erhellend wie schockierend."

–KATJA PETROWSKAJA, Autorin von *Vielleicht Esther*

Im Krieg

Im Krieg

Zwei illustrierte Tagebücher aus Kiew und St. Petersburg

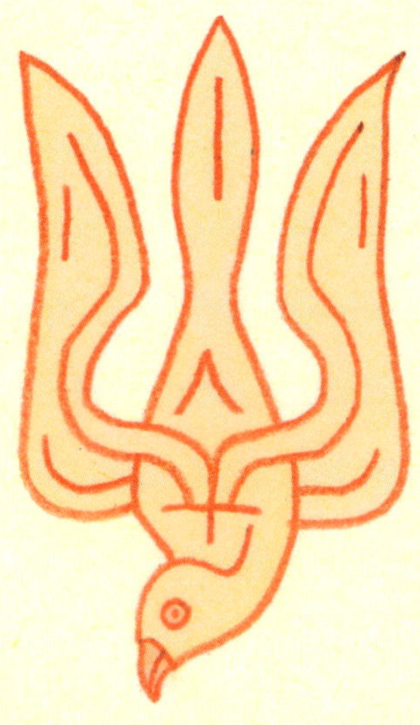

Nora Krug

Aus dem Englischen von Alexander Weber

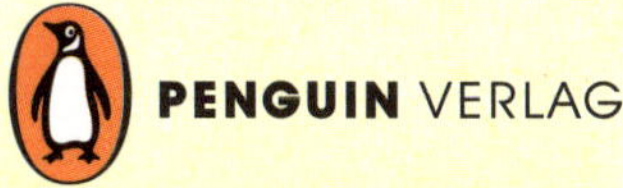

Kopenhagen
Paris
Shetland
Mare del Nord
Londra
La Manica
Parigi
Senna
Elba
Berlino
Reno
Monaco
Danubio
G. di Biscaglia
Lione
Rodano
Milano
Po
Pirenei
Ebro
Madrid
Corsica
Sardegna
Baleari
Roma
Adriat
Tirren

St. Petersburg
Leningrado
G. di Finlandia
Stoccolma
Riga
Riga
Mosca
Lwiw
Kiew
Kiev
Dnepr
Don
Zakarpattia
Dnestr
Cherson
M. d'Azov
Budapest
Tibisco
Bucarest
Danubio
Mar Nero
Angora
Istanbul

Vorwort

Am 24. Februar 2022 startete Russland einen erneuten, nicht provozierten militärischen Großangriff auf die Ukraine mit dem Ziel, das Land, seine Kultur sowie sein Volk auszulöschen.

Als sich die Ereignisse dieses Krieges in den darauffolgenden Tagen überschlugen, schrieb ich K., einer in Kiew lebenden Journalistin, und D., einem Künstler aus St. Petersburg — mit denen ich zuvor nur ein einziges Mal online in Kontakt gewesen war und die ich nicht persönlich kannte —, um mich danach zu erkundigen, wie es ihnen ging. Der offene und verletzliche Ton ihrer Antworten berührte mich. Und ich begriff, dass, entgegen vielem, was ich in den Medien über diesen Krieg gelesen hatte, die persönlichen Berichte dieser beiden Menschen denjenigen von uns, die nicht unmittelbar davon betroffen sind, womöglich einen emotionaleren Zugang zum Verständnis der alltäglichen Realität des Krieges und seiner verheerenden Auswirkungen eröffnen könnten. Also fragte ich K. und D., ob ich sie zu ihren Erfahrungen interviewen und aus ihren Antworten ein illustriertes wöchentliches Tagebuch gestalten dürfe, in dem ich ihre individuellen, so gegensätzlichen Stimmen kontrastierend gegenüberstellen würde, um das öffentliche Bewusstsein für den Krieg zu schärfen.
Beide sagten sofort zu.

In den kommenden zwölf Monaten kommunizierte ich via Kurznachrichten separat mit K. und D. Jede Woche wollte ich von ihnen wissen, wie es ihnen ging, worüber sie sich Gedanken machten und was sie in der Woche zuvor erlebt hatten. Doch es ging mir nicht allein um ihre Alltagserfahrungen, ich stellte K. und D. auch Fragen, die sich damit befassten, wie der Krieg die beiden auf einer tieferen, existenzielleren Ebene berührte: Welche psychischen und körperlichen Folgen hatte der Krieg für sie? Wie veränderte er die Beziehung zu ihren Familien und ihr Gefühl kultureller Zugehörigkeit? Dachten Sie jetzt anders über Begriffe wie Schuld, Opferbereitschaft, Vergeltung und Entschädigung? Wieso führen wir Kriege, und werden wir je aus ihnen lernen?

Im Laufe des Jahres lernte ich K. und D., die mir vorher völlig fremd gewesen waren, immer besser kennen, und bald stellte ich ihnen Fragen, die ich normalerweise nur meinen besten Freunden stellen würde. Ich fasste ihre bruchstückhaften Berichte zu einer zusammenhängenden Erzählung zusammen, änderte gewisse Details, um ihre Anonymität zu wahren, sandte ihnen den Text zur Freigabe noch ein letztes Mal zu und zeichnete dann auf Grundlage meiner Recherchen und meiner Fantasie die dazugehörigen Illustrationen.

Ein Großteil dieser Tagebucheinträge wurde wöchentlich zwischen Februar 2022 und Februar 2023 in der *Los Angeles Times* veröffentlicht. Ausschnitte erschienen zudem in *L'Espresso* (Italien), *El País* (Spanien), der *Süddeutschen Zeitung* (Deutschland) und *De Volkskrant* (Niederlande).

—

Die Ukraine hat eine lange und bewegte Geschichte. Wie die vieler anderer europäischer Länder ist es eine Geschichte voller kultureller Errungenschaften, Kriege und Grenzverschiebungen. Im Laufe der Jahrhunderte wurde das heutige ukrainische Staatsgebiet von einer Reihe fremder Staaten und Staatenbünde, von Khanaten und Großreichen unterworfen, regiert und kolonialisiert. Gerade das 20. Jahrhundert markierte eine Periode steter Umwälzungen: Nach dem Sturz des Zarenreiches im Jahr 1917 kämpfte die Ukraine für ihre Unabhängigkeit, erduldete Zwangsrussifizierung und eine durch Stalins Politik der 1930er ausgelöste Hungersnot, litt im Zweiten Weltkrieg massiv unter der Besatzung durch die Achsenmächte, erlebte weitere Perioden russischer Assimilationsbestrebungen und erklärte sich nach dem Zusammenbruch der Sowjetunion 1991 abermals für unabhängig.

Nach dem Zerfall der UdSSR gab die Ukraine ihr Atomwaffenarsenal auf. Im Gegenzug sicherten die anderen Unterzeichnerstaaten des Abrüstungsvertrags – darunter auch Russland – der Ukraine zu, ihre Unabhängigkeit und existierenden Grenzen zu respektieren. Trotz politischer und wirtschaftlicher Reformen kämpfte die Ukraine lange mit Instabilität und Korruption und sah sich wiederholt Bestrebungen Russlands ausgesetzt, das Land unter seine Kontrolle zu bringen. Im Jahr 2004 gingen Ukrainer auf die Straße, um für ein demokratischeres System zu demonstrieren, und als sich der ukrainische Präsident 2013 weigerte, ein bereits ausgehandeltes Freihandelsabkommen mit der Europäischen Union zu unterzeichnen, um die Ukraine stattdessen enger an Russland zu binden, brachen die Euromaidan-Proteste aus, die man in der Ukraine heute „Revolution der Würde" nennt – eine Bewegung, die auf die Durchsetzung demokratischer Werte abzielte.

Kurz darauf annektierte Russland die Krim, eine Halbinsel im Schwarzen Meer, die über die Jahrhunderte hinweg von verschiedenen Völkern, Staaten, Ländern, Khanaten und Großreichen beherrscht und beansprucht wurde, und die seit 1954 zur ukrainischen Sowjetrepublik und seit 1995 vollständig zum rechtmäßigen Staatsgebiet der unabhängigen Ukraine gehörte.

In der ostukrainischen Donbass-Region brach Krieg aus: Die ukrainische Armee und pro-ukrainische Verbände kämpften gegen bewaffnete, von Russland unterstützte ukrainische Separatisten sowie russische Truppen. Während der blutige Konflikt im Donbass weiterging, unternahm Russland eine Reihe von Cyberattacken auf die kritische Infrastruktur der Ukraine.

Im Jahr 2022 ordnete der russische Präsident Wladimir Putin einen neuerlichen, diesmal umfassenden Großangriff auf die Ukraine an. Als Vorwand für den Überfall dienten ihm die angestrebte „Wiedervereinigung" von Ukrainern und Russen als „einheitliches" Volk, die Verhinderung eines „Genozids" an der russischsprachigen Bevölkerung des Donbass sowie die Bekämpfung des „Nazismus" in der Ukraine, deren historische Entstehung, Souveränität und eigenständige kulturelle Identität er anzweifelt. Damit missachtet Putin sowohl geschichtliche Zusammenhänge als auch internationales Recht und verschleiert die wahren Beweggründe Russlands: die Ukraine und ihre Kultur zu kolonisieren und als solche zu zerstören, um die eigene totalitäre und extremistische Position zu stärken und seine Einflusssphäre auszuweiten. Der jüngste russische Einmarsch wird von den Vereinten Nationen und von demokratischen Staaten auf der ganzen Welt verurteilt.

—

D.s und K.s Identitäten sind ebenso komplex wie die ukrainische Geschichte. Ihre Sichtweisen sind geprägt von ihrer jeweiligen Familiengeschichte, ihrem beruflichen Umfeld sowie den spezifischen kulturellen Erfahrungen und politischen Realitäten, die sie erlebten. D. hat deutsche und russisch-jüdische Vorfahren, fühlt sich kulturell aber weder Deutschland noch dem Judentum verbunden. Geboren wurde er in einer Kleinstadt in Sowjetrussland und zog mit zwanzig Jahren nach St. Petersburg. In seine Heimatstadt kehrt er nur noch zurück, um seine Mutter zu besuchen. Wenn Leute aus dem Ausland ihn fragen, wo er herkommt, antwortet er St. Petersburg, nicht Russland, da er sich mehr mit seiner Stadt als mit seinem Land identifiziert.

K. wurde zur Sowjetzeit in der Wolgaregion im Westen Russlands geboren. Sie ist inuitischer, jüdischer und kosakischer Abstammung, und als Kind erzählte ihr Großvater ihr Geschichten über sein Kosakendorf und sang ihr ukrainische Volkslieder vor. Im Alter von dreizehn Jahren zog sie mit ihrer Mutter in die Ukraine und verbrachte die prägenden Jahre ihrer Jugend dort. Nach dem Schulabschluss kehrte K. zurück nach Russland, wo sie Journalismus studierte und begann, als Reporterin zu arbeiten. Als leitende Redakteurin einer russischen Regionalzeitung, die gegen Wladimir Putins Regime offen Position bezog, weigerte sie sich, mit dem russischen Inlandsgeheimdienst zusammenzuarbeiten, was zur

Folge hatte, dass die Redaktionsräume durchsucht und die Zeitung geschlossen wurde. Kurz darauf ging K. zurück in die Ukraine, um dort ihre journalistische Arbeit fortzusetzen. Als der Krieg im Donbass ausbrach, berichtete K. von beiden Seiten der Front, sowohl für ukrainische als auch für kremlkritische russische Nachrichtenagenturen. 2015 tauschte sie ihren russischen Pass gegen einen ukrainischen ein, den sie von der ukrainischen Regierung unter anderem für ihre Arbeit als Kriegsberichterstatterin im Donbass erhielt. K. fühlt sich kulturell dem heutigen Russland nicht mehr zugehörig. Seit dem jüngsten russischen Einmarsch in die Ukraine berichtet sie von vorderster Front über das Kriegsgeschehen und riskiert Tag um Tag ihr Leben, um die Freiheit und die Werte der Ukraine zu verteidigen. Als in Russland geborene Ukrainerin ist ihre Perspektive zwar nicht einzigartig, doch ist sie weit komplexer als die vieler anderer Journalisten und Journalistinnen.

—

Wie können die Stimmen zweier Menschen mit derart komplizierten und gegensätzlichen Identitäten zu unserem Verständnis des derzeitigen Krieges in der Ukraine beitragen? Persönliche Erzählungen werden in der Geschichtsschreibung nicht selten übersehen, und doch gewähren sie uns eine andere Art des Zugangs, ein differenziertes und emotionales Verständnis dessen, wonach die meisten Historiker, Journalisten und Autoren suchen: der Wahrheit. Fakten sind wichtig und unbestreitbar, wohingegen individuelle Erfahrungen nie weder gänzlich objektiv sein noch ein vollständiges Bild der politischen Situation vermitteln können, aus der sie erwachsen sind. Doch persönliche Erzählungen enthüllen andere Facetten der Wahrheit und sind deshalb ein wichtiger Teil von ihr.

Obwohl D. und K. sich in völlig unterschiedlichen Situationen befinden, sind beide Zeitzeugen. Um die menschlichen Folgen dieses Krieges zu begreifen, war es mir wichtig, diese persönlichen Stimmen, diese verdichteten Augenblicke unmittelbar festzuhalten, während die politischen Ereignisse im Gange waren. Dieses Buch versucht nicht, eine bestimmte vorgefertigte Sicht zu untermauern, eine exemplarische ukrainische oder russische Perspektive darzustellen, oder den definitiven Text zum Verständnis des kriminellen Krieges gegen die Ukraine zu präsentieren. Auch geht es mir nicht darum, einen Raum der Aussöhnung zu schaffen, die russische und ukrainische Erfahrung gleichzusetzen, Russen zu Opfern zu stilisieren oder die Geschichte eines „guten Russen" zu erzählen. Das Ziel dieses Projekts besteht vielmehr darin, den krassen Gegensatz zwischen den zwei Erzählungen, die dieser Krieg beiderseits der Grenze hervorbringt, zu dokumentieren und D.s und K.s vielschichtige Identitäten und Erfahrungen herauszustellen, indem ich sie direkt nebeneinander auf zwei Buchseiten platziere.

Beide, D. und K., wurden in der Sowjetunion geboren, haben aber viele Jahre ihres Lebens in zwei sehr verschiedenen Gesellschaften gelebt, deren spezifische Kulturen ihre Denkweisen nachhaltig geprägt haben. In seinen Tagebucheinträgen spricht D. sehr offen über seine Abneigung gegenüber Putin, und sich zu seinen Ansichten befragen zu lassen, stellt für ihn ein gewisses Risiko dar. Gleichzeitig gibt er zu, dass er Angst hat, seine Meinung öffentlich zu äußern. Er vertraut nur Menschen, die er kennt und die seine Ansichten teilen. Nicht in der Lage zu sein, mit anderen über seine Gedanken und Gefühle zu reden, macht ihn ängstlich und einsam. Bei K. dagegen ist das völlig anders: Öffentlich Position zum Krieg zu beziehen, darüber zu sprechen und zu schreiben, ist für sie als Journalistin ihre vorrangige Tätigkeit und Pflicht. Durch ihre Arbeit steht sie in engem Kontakt mit Freunden und Kollegen wie auch mit den Ukrainern, die sie interviewt und über die sie schreibt. Freie Meinungsäußerung ist, ganz im Gegensatz zu D., K.s Überlebensstrategie. Sowohl K. als auch D. finden sich durch die Ereignisse in ungewohnten Situationen wieder, getrennt von ihren Familien, und doch erleben sie den Krieg auf denkbar unterschiedliche Weise: K. lebt in ständiger Angst, muss dauernd fürchten, dass ihr Haus bombardiert, ihre Freunde und Kollegen entführt, gefoltert oder getötet werden, oder dass ihrer ukrainischen Familie etwas zustößt. D.s Konflikte sind eher passiver und innerlicher Art: Der Krieg hat ihn von seinem Land entfremdet, und er fühlt sich wie gelähmt. Obwohl er Geld zur Unterstützung der Ukraine spendet, gibt er zu, aus Angst nicht an öffentlichen Demonstrationen teilzunehmen und schreibt, dass er sich nicht als Aktivist sieht. K. hat klare Ziele: Sie will, dass die Ukraine den Krieg gewinnt und ihre Familie wieder zusammenleben kann. Auch D. hofft auf eine Wiedervereinigung mit seiner Familie, aber er hat keine genaue Vorstellung davon, wie seine Zukunft einmal aussehen, wo er leben soll, und ob und wie sein Land sich einmal zu einer Demokratie entwickeln könnte.

—

Als mir die Idee für dieses Projekt kam, war ich zunächst nicht sicher, ob die Darstellung einer russischen Perspektive gerechtfertigt ist. Jahrzehntelang hat die Welt das revisionistische russische Narrativ geduldet, dadurch indirekt Russlands expansionistische Politik und genozidale Vorgehensweise unterstützt und damit das Selbstbestimmungsrecht der Ukraine untergraben. Als Europäerin ist mir klar, dass bei dem Krieg in der Ukraine die Zukunft ganz Europas auf dem Spiel steht und dass die Ukrainer den Blutzoll für unsere Freiheit zahlen. Und als Deutsche glaube ich, dass wir unsere Fehler der Vergangenheit korrigieren müssen: Demokratie ist nur ein utopisches Konzept, solange sie nicht auch unsere Nachbarn einbezieht, und *Pazifismus* bleibt ein leeres Wort, wenn wir Demokratien, die von tyrannischen Regimen angegriffen werden, nicht aktiv militärisch, finanziell und ideologisch unterstützen können. Zugleich ist mir bewusst, dass ich mich diesem Projekt als Außenstehende nähere. Da ich weder ihre persönlichen Lebensgeschichten noch die historischen Hintergründe ihrer Länder teile, unterscheiden sich K.s und D.s Perspektiven grundlegend von meiner eigenen, westeuropäischen Sichtweise. Als Außenstehende werde ich nie imstande sein, das Ausmaß des Leidens der Menschen in der Ukraine vollständig zu erfassen. Doch kommt mir die Politik kolonialer Aggression des heutigen Russlands auf unheimliche Art vertraut vor. Als Enkelin eines deutschen Mitläufers, der das Naziregime weder aktiv unterstützt noch dagegen aufbegehrt hat, weiß ich, wie wichtig es ist, ambivalente, komplexe und zuweilen widersprüchliche Geschichten zu dokumentieren – Geschichten, die womöglich schwer zu akzeptieren sind –, weil gerade sie zu unserem Verständnis davon beitragen, wie Diktaturen entstehen und aufrechterhalten werden. Es fällt leicht, Helden zu bejubeln oder Täter zu verurteilen. Doch sind es gerade ambivalente Erzählungen, die uns zwingen, uns mit unserer eigenen Passivität kritisch auseinanderzusetzen und die Fehlbarkeit unserer moralischen Integrität anzuerkennen.

Als visuelle Journalistin bin ich der Wahrheit verpflichtet, und meine Aufgabe ist es, die Perspektiven meiner beiden Protagonisten akkurat und einfühlsam zu dokumentieren, auch dann, wenn ich deren Meinung nicht teile. Ich glaube fest daran, dass wir Einfluss auf unsere Regierungen nehmen und sie verändern können, und dass es unsere Pflicht ist, aktiv gegen Unrecht Widerstand zu leisten. Diejenigen von uns, die weit entfernt vom Kriegsgeschehen leben und es nur von außen betrachten, dürfen sich nicht damit begnügen sich einzugestehen, dass sie nicht wissen, wie sie sich selbst angesichts eines tyrannischen Regimes verhalten würden. Das Eingeständnis unserer eigenen Angst sollte nur den Ausgangspunkt einer eingehenderen, kritischen inneren Auseinandersetzung darstellen. Die Schuld an einem Krieg tragen nie nur ein einziger Despot und seine Propaganda. Wir vergessen allzu oft, dass Menschen, die im Dritten Reich lebten, tatsächlich eine Wahl hatten: die Wahl, entweder untätig zu bleiben oder aber – im Großen wie, ebenso bedeutsam, nur im Kleinen und oft ungestraft – Widerstand zu leisten. Auch wir haben heute eine Wahl. Und was wir beschließen zu tun – oder nicht zu tun –, hat nicht nur unmittelbare Konsequenzen für unser eigenes Leben, sondern auch für das Leben anderer. Wie sähe die Welt wohl heute ohne all jene Menschen aus, die tyrannischen Regimen in der Vergangenheit Widerstand geleistet haben? Und wie wird sie morgen aussehen?

Winter-Frühling

Als ich erfuhr, dass in Kiew der Krieg ausgebrochen war, nahm ich zuallererst ein Bad. Eine halbe Stunde lang saß ich einfach nur da. Ich kann nicht beschreiben, wie ich mich fühle. Aber ich weiß, dass dies das Ende von Putins Russland ist.

Wir sind mit den Kindern immer noch in Kiew. Sie sind zwei und sechs. Es ist nicht leicht, mit ihnen zusammen zu sein und dabei ruhig zu bleiben. Was hier passiert, ist beängstigend. Aber die Ukraine ist sehr stark, und die Menschen hier sind großartig.

Wir sind gut in Lwiw angekommen. Wir wohnen jetzt in dem Stadtviertel, wo sich 1941 das Getto befand. Vor meinem Fenster ist eine Bahnstrecke. Alle dreißig Minuten sehe ich, wie Züge voller Zivilisten Richtung Westen fahren und Züge voller Panzer Richtung Osten. Vor achtzig Jahren diente diese Bahnstrecke den Nazis: Ihre Züge brachten Juden in die Konzentrationslager, und wenig später beförderten dieselben Züge Menschen aus Lwiw in den Gulag, denn viele von ihnen wurden beschuldigt, Kollaborateure zu sein.

Schrecklich. Die schlimmsten Tage meines Lebens. Putin richtet mein Land zugrunde. Ich fürchte, viele Leute stehen noch zu ihm. Ich trinke Wein mit meiner Frau, und wir sprechen übers Auswandern.

Mir geht es einigermaßen gut. Ich versuche nur, einen Weg zu finden, das Land zu verlassen. Wir haben zwei Kinder (neun und zehn) und einen Hund. Ich bin der Einzige von uns, der einen Pass und ein Visum besitzt.

Ich bin mit einer russischen Freundin in der Ukraine in Kontakt und versuche, ihr mit Informationen zu helfen.

Heute bin ich ein wenig sprachlos. Es ist Tag zwölf, und dieser Albtraum nimmt kein Ende.

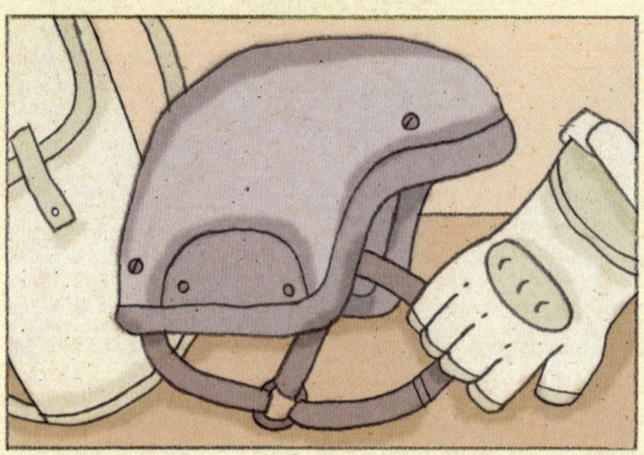

Wir versorgen Journalistinnen und Journalisten mit Ausrüstung, Westen und Helmen, damit sie sicher berichten können. Heute war einer dieser seltenen Tage, an denen wir keine Sirenen gehört haben. Ich nenne diese Zeiten „Happy Hours".

Gestern Abend bin ich zum Bahnhof von Lwiw gegangen, um dort eine Familie zu treffen, die die Kleidung unserer Kinder aus Kiew mitgebracht hat. Tausende waren dort versammelt, Flüchtlinge, die nicht wissen, wo sie hinsollen. Viele wärmten sich an Metallfässern, in denen Öl brannte. Ich kam mir vollkommen unnütz und ohnmächtig vor.

Ich würde sagen, es geht mir einigermaßen gut. Ich versuche, einen Weg zu finden, auszuwandern und meine Arbeit außerhalb Russlands fortzuführen. Facebook ist in Russland offiziell gesperrt. Über VPN kann ich es hier aber immer noch nutzen.

PUTIN-CHUILO! (Chuilo ist Russisch für „Schwanz".)
Hier ist jetzt Mitternacht, also versuche ich zu schlafen.

Jeden Tag beim Aufwachen habe ich Bauchschmerzen. Ich fühle eine Mischung aus Angst, Wut und Hass. Wie viele unschuldige Menschen sind heute Nacht gestorben? Wie viele werden heute sterben?

Ich will die Ukraine nicht verlassen. Meine Kinder will ich ins Ausland schicken. Ich habe vor, sie nach Dänemark zu bringen, wo sie in Sicherheit sein werden und wo meine Mutter jetzt mit unseren dänischen Freunden lebt. Danach komme ich zurück, um hier zu arbeiten.

Gestern Nacht habe ich kaum geschlafen. Um 2.30 Uhr fingen die Sirenen an zu heulen, und dann lag ich wach und hörte den Explosionen zu. Den Kindern geht es gut. Nachts hören sie nichts.

Ich brauche etwas Ruhe. Es war ein Tag voller schrecklicher Ereignisse: getötete Kollegen, Interviews mit Menschen, die der Hölle entkommen sind.

Ich bin noch immer angespannt, aber nicht voller Panik, so wie in den ersten paar Tagen.

Am zweiten Tag sprachen wir mit den Kindern zum ersten Mal über den Krieg. Wir erklärten ihnen einfach, was los ist. Vor ein paar Tagen bekamen sie dann die Folgen selbst zu spüren – mit ihrem gesparten Geld wollten sie sich ein neues Nintendo-Spiel kaufen, aber es ging nicht, weil Nintendo in Russland dichtgemacht hat.

Das letzte Mal, dass ich demonstriert habe, war nach Alexej Nawalnys Verhaftung. Jedes Mal, wenn ich beim Demonstrieren die vielen Menschen sah, die Putins Regime ablehnen, verspürte ich eine gewisse Euphorie. Trotzdem ist mir klar, dass noch viel mehr Menschen ihn unterstützen.

Ich habe meinem 6-jährigen Sohn erklärt, dass Krieg ist. Er fing an zu weinen, weil er seinen Freund aus dem Kindergarten vermisst, der jetzt in Litauen ist. Sie telefonieren jeden Tag miteinander und sprechen über Minecraft.

Ich bin mit den Kindern auf dem Weg nach Warschau. So viele laute Geräusche, wie Feuerwerk. So viele Ukrainer auf den Straßen.

Wir sind in Kopenhagen angekommen, und es ist so still hier. Nur die Flugzeuge machen mich nervös, weil sie bedrohlich klingen. Hier gibt es Tausende von Büchern und einen Garten, in dem Vögel zwitschern, und die Sonne scheint. Ich bin unendlich erleichtert, dass meine Kinder an einem sicheren Ort sind.

Aber ich kann nicht hier herumsitzen, während mein Land in Flammen steht und mein Mann dort ist und nicht raus kann.

Ich kenne Leute, die für Putin sind, aber nicht in meinem Freundeskreis. Ein weiterer Grund für mich, das Land zu verlassen, ist dieses Plakat, das ich an vielen öffentlichen Orten sehe: „Wir lassen die Unsrigen nicht im Stich."

Man kann hier nicht mehr frei atmen. Man lebt in ständiger Angst, dass sie einen gleich holen kommen. Ich will auf keinen Fall, dass meine Kinder in dieser Atmosphäre aufwachsen. In den 1990ern, nach dem Zusammenbruch der Sowjetunion, war ich ein Teenager. Damals habe ich mich in die Freiheit verliebt.

Ich werde allein ausreisen. Ich gehe fort, organisiere alles und hole dann meine Familie nach. Meine Freunde in Riga haben für mich eine Wohnung gefunden, in der ich vier Monate umsonst wohnen kann. Ich bin sehr nervös und ängstlich. Was, wenn meine Familie nicht nachkommen kann? Was, wenn ich dort kein Geld verdienen kann? Gleichzeitig ist mir klar, dass ich frische Luft zum Atmen brauche, dass es hier in Russland keine gibt. Was ist, wenn ich auch dort nicht frei atmen kann?

Hier scheint die Sonne, und es fühlt sich an, als würde es bald Frühling. Anfangs waren die Jungen niedergeschlagen wegen des Umzugs. Der Jüngere lächelte nicht und wollte nichts mehr essen. Dem Älteren habe ich zwei Lego-Sets geschenkt – Minecraft und Harry Potter. Darüber war er sehr glücklich.

Ich verbringe meine Zeit damit, mit Überlebenden aus Mariupol zu sprechen und Leute in den besetzten Gebieten zu interviewen. Ich fühle mich so, als hätte ich die Ukraine gar nicht verlassen. Letzte Nacht glaubte ich, eine Sirene zu hören, dann vernahm ich die Stimme meines Mannes, die verkündete: „Achtung, Fliegeralarm! Alle in die Luftschutzbunker begeben!" Er schläft nachts jetzt immer im Badezimmer auf dem Boden, weil es dort keine Fenster gibt.

Gestern setzte sich mein älterer Sohn eine Teehaube auf den Kopf, sodass er aussah wie ein Zauberer. Dann sagte er, wir sollten uns etwas wünschen. Ich wünschte mir, dass der Krieg bald zu Ende geht, und er antwortete: „Dein Wunsch wird in den nächsten Tagen in Erfüllung gehen, versprochen."

Ich besitze keinen Fernseher. Ich will mir keine Propaganda ansehen. Die Nachrichten lese ich vor allem auf den russischen kremlkritischen Plattformen Meduza.io und *Nowaja Gaseta*. Meine Frau und ich haben gerade ein Interview mit Wolodymyr Selenskyj gesehen. Er ist unglaublich.

Ich versuche es zu vermeiden, mit Leuten, die nicht meine Freunde sind, über den Krieg zu sprechen. Ich habe Angst, jemand könnte mich bei der Polizei verraten und meine Ansichten preisgeben. Ich bin kein Aktivist, aber am ersten Kriegstag habe ich eine Petition unterschrieben und allen erzählt, dass ich gegen den Krieg bin. Ich hatte damit gerechnet, dass die Polizei in mein Atelier kommen würde, doch sie kam nicht.

Eigentlich wollte ich morgen mit dem Zug nach Helsinki fahren, doch der letzte Zug geht heute. Die finnische Bahngesellschaft hat alle Verbindungen nach Russland gestrichen. Also habe ich mir eine Busfahrkarte gekauft. Meine Freunde aus Finnland haben mir einen Arbeitsvertrag geschickt, damit ich die russische Grenze passieren kann. Es könnte sein, dass ich doch nicht rauskomme. Deswegen haben wir beschlossen, den Kindern noch nichts davon zu sagen, dass ich vorhabe, das Land auf längere Zeit zu verlassen. Sie machen gerade Ferien bei ihrer Großmutter.

Am Dienstag fahre ich zurück in die Ukraine! Meine Kollegen und ich organisieren in Kiew eine Schulung in Notfallmedizin für Journalisten. Ich habe den Kindern noch nichts von meiner Abreise gesagt. Sie bleiben hier bei meiner Mutter, es wird ihnen also gut gehen. Ich kann es kaum erwarten, meine Wohnung in Kiew wiederzusehen. Ich vermisse meinen Plattenspieler, meine Bücher und meine Freunde. Ich weiß nicht, ob unser Haus bombardiert wurde. Ich stelle mir aber vor, dass alles noch genauso aussieht wie vorher, als hätte es den Krieg nie gegeben.

Letzte Nacht hörte ich eine Frauenstimme, die um Hilfe flehte, irgendwo weit unten im Keller. Ich war mir sicher, sie gehört zu haben, aber als ich das ganze Haus durchsuchte, konnte ich niemanden finden. Ich glaube, es war eine Halluzination.

Ich habe die Fotos von den Massakern in Butscha und Irpin gesehen. Wie kann ich in einer Welt leben, in der so etwas geschieht? Dies ist der einzige Gedanke, der mir dabei in den Sinn kommt.

Heute wurde in der Nähe von Kiew die Leiche meines Kollegen Max Levin gefunden. Als er verschwand, hatte ich noch gehofft, er sei am Leben, womöglich in russischer Gefangenschaft. Am 13. März ist er erschossen worden. Max hatte vier Söhne und war mit einer Freundin von mir verheiratet.

Heute habe ich den Bus nach Helsinki genommen. Wir standen über zwei Stunden an der russischen Grenze, weil auch einige Ukrainerinnen und Ukrainer bei uns im Bus saßen. An der finnischen Grenze half ich einer Frau mit Kind, indem ich für sie übersetzte. Es gab Probleme mit ihren Papieren, aber am Ende hat man sie einreisen lassen. Mich allerdings ließen die finnischen Grenzbeamten nicht durch. Meine Begründung, in Finnland arbeiten zu wollen, sei nicht ausreichend, meinten sie, und mein Sputnik-Impfstoff wird in der EU auch nicht anerkannt. Also fuhr ich wieder zurück. Lediglich um eine Zigarette zu rauchen, war ich in Finnland.

In den russischen Medien las ich einen Artikel, in dem die „Entnazifizierung" der Ukraine gerechtfertigt wird. Ich kann nicht glauben, dass irgendjemand eine solche Scheiße schreiben kann. Die Russen werden sich ihrer Schuld stellen müssen.

Ich überlege, wohin ich sonst noch gehen könnte. Nach Estland vielleicht, oder in die Türkei. Meine Mutter wohnt in einer Kleinstadt in der Nähe von St. Petersburg. Sie versteht, wie übel das Putin-Regime ist. Trotzdem war sie bekümmert, als ich ihr von meinen Auswanderungsplänen erzählte. Sie hat Angst davor, hier allein zu sein.

Für Ukrainer ist jeder Tag mit einer Zahl verbunden. Heute ist es die 45. Seit 45 Tagen zerstört Russland alles, was wir lieben.

Ich bin wieder gut in Lwiw angekommen. Wir haben rund 30 Schutzausrüstungen an Journalistinnen und Journalisten geliefert. Es gibt nicht viele Dinge, über die ich mich seit Beginn des russischen Einmarschs gefreut habe, aber dass Journalisten jetzt kugelsichere Westen und Helme tragen – darüber freue ich mich.

Die Eltern meines Mannes haben beschlossen, in Kiew zu bleiben. Sie stammen ursprünglich aus Donezk und mussten fliehen, als dort 2014 Krieg ausbrach. Sie wollen nicht noch einmal fliehen. Vor einigen Wochen verlor mein Schwiegervater für ein paar Stunden das Gedächtnis. Anfangs dachten wir, es wäre ein Schlaganfall gewesen, doch die Ärzte konnten nichts finden. Ich vermute, es lag daran, dass in jener Nacht eine Rakete über ihrem Haus abgefeuert wurde. Er konnte sich nicht einmal daran erinnern, dass Krieg herrscht. Die Ärzte meinten, er solle nicht so häufig Nachrichten lesen. Die Filme, die wir ihnen von unseren Kindern schicken, helfen meinen Schwiegereltern dabei, diese Hölle zu überstehen. Meine Söhne sind zu Kriegskindern geworden. Ihre Generation ist gebrochen.

Wenige Tage nach Kriegsbeginn ließ die Regierung in der Nähe meines Hauses eine russische Flagge aufhängen. Es regnete, und ein oder zwei Wochen später sah die Flagge aus wie ein Putzlappen. Letzte Woche verschwand sie dann gänzlich, und nur der Fahnenmast blieb übrig. Das Ganze erschien mir wie ein Symbol für das, was gerade in Russland vor sich geht.

Ich denke immer öfter über die Parallelen zwischen Nazideutschland und dem heutigen Russland nach. Eine russische Literaturkritikerin schrieb kürzlich: „Gegen den Krieg zu sein, bedeutet, für Russland zu stehen." Ich stimme ihr zu.

Die Ukraine hat mich als Land schon immer interessiert. Ich war in meinem Leben dreimal in Kiew. Nach der Annexion der Krim war ich sehr niedergeschlagen. Ich würde die Krim sehr gerne einmal besuchen, aber als Russe habe ich kein Recht, dort hinzugehen, finde ich.

Eine Kollegin von mir, die auch Künstlerin ist, unterstützt den Krieg. Das macht mich traurig. Wie ist es möglich, dass eine Künstlerin, die Bilder über die Belagerung von Leningrad zeichnet, diesen Krieg befürworten kann?

Wir sind zurück in Kiew. Als wir ankamen, brachen die Eltern meines Mannes in Tränen aus. Meine Schwiegermutter kochte uns Pelmeni. Kiew wirkt so finster und leer. Meine Wohnung ist unversehrt. Es ist kalt, weil es keine Heizung gibt, aber das ist in Ordnung. Zum ersten Mal seit dem 24. Februar habe ich wieder gebadet. Ich hätte nie geglaubt, dass ich mich jemals so sehr nach einem Bad sehnen würde!

Ich war in Katjuschanka, direkt außerhalb von Kiew, um dort Dorfbewohner zu filmen, die die russische Besatzung überlebt haben. Dabei sah ich zerstörte russische Panzer und Menschen, die für Brot und Kartoffeln anstanden. Wenn ich die ganze Zerstörung sehe, die hier angerichtet wurde, denke ich, dass die meisten Russen den Einmarsch befürworten und nicht das Geringste über uns wissen.

Gestern rief ich meinen Sohn von unserer Wohnung aus an. Als er sein Zimmer auf dem Bildschirm sah, fing er an zu weinen. Er vermisst Kiew so sehr. Ich erklärte ihm, dass er im Moment nicht nach Kiew zurückkehren kann, weil es für ihn hier nichts gibt: keine Kinder, keinen Kindergarten, und es ist immer noch sehr gefährlich hier. Ich sagte ihm, ich sei in zwei Wochen wieder in Dänemark, aber ich bin mir nicht sicher, ob ich dann schon zurückkann. Ich muss hier sein, um zu berichten. Ich bin müde, aber irgendjemand muss meine Kollegen an der Front ja ablösen.

Gestern lief ich an einer Schule vorbei, in deren Fenster ein Schild mit dem Buchstaben „Z" hing. Das ist schrecklich. Wenn so was in der Schule meiner Kinder passiert, werde ich mich dagegen aussprechen. Ich habe schon von anderen Schulen gehört, wo solche Schilder entfernt wurden, nachdem Eltern ihre Stimme erhoben haben.

Ich würde vermuten, dass 30 Prozent der Russen das Regime unterstützen, 30 Prozent dagegen sind und es 40 Prozent schlichtweg egal ist, weil es ihnen wirtschaftlich einigermaßen gut geht. Ich frage mich oft, was Russen tun können, um gegen das Regime Widerstand zu leisten, aber ich weiß keine Antwort auf diese Frage. Putins Tod könnte eine Veränderung bewirken. Doch lieber würde ich ihn in Den Haag sehen.

Ich hatte geplant, nächste Woche auszureisen, aber in genau der Woche hat mein Kind Geburtstag, sodass ich wahrscheinlich direkt danach abreisen werde. Ich kann hier nicht leben, mit Putin, seiner Regierung und seiner Polizei. Dennoch muss ich ständig daran denken, wie sehr ich doch nach St. Petersburg gehöre, denn dies hier ist meine Stadt. Mit 20 bin ich hierhergezogen. In dieser Stadt begriff ich, was ich mit meinem Leben anfangen will, hier begann ich mit meiner Arbeit als Künstler. Durch die Stadt spazieren, mit dem Rad am Ufer der Fontanka entlangfahren, die dunklen Winter durchleiden, die weißen Sommernächte genießen, in denen ich so oft nicht richtig schlafen kann – all das liebe ich an meiner Stadt. Wie kann ich sie nur verlassen?

Ich bin nach Lwiw zurückgekehrt und habe mit einer Frau gesprochen, die ihren Sohn in Hostomel verloren hat. Die Russen haben ihn ohne ersichtlichen Grund exekutiert. Er war gerade dabei gewesen, der örtlichen Bevölkerung zu helfen, aus der Stadt zu fliehen, als sie ihn und vier weitere Männer gefangen nahmen. Achtmal haben sie auf ihn geschossen. Ihr anderer Sohn wurde während des Angriffs auf Butscha verletzt. Er liegt jetzt mit Depressionen im Krankenhaus. Sie weiß nicht, wie sie weiterleben soll, jetzt, nachdem all dies geschehen ist.

Ich bin todmüde und gleichzeitig ängstlich. Laut meiner App schaue ich 10 Stunden am Tag auf mein Handy. So viele Menschen haben wegen des Krieges den Verstand verloren. Der Hass auf die Russen ist zum Hass auf uns selbst geworden. Es gibt Auseinandersetzungen zwischen denen, die in der Ukraine geblieben sind, und jenen, die jetzt aus der Europäischen Union zurückkehren und denen man vorwirft, nicht mutig genug gewesen zu sein. Auch ich bin manchmal voller Wut und weiß nicht, wie ich mit diesen Gefühlen umgehen soll.

Am Montag hat mein älterer Sohn in Kopenhagen seinen ersten Schultag. Meine Mutter, die in Dänemark ist, hat ihm etwas geschenkt: einen Rucksack und ein Federmäppchen. Er hat sich so gefreut und kann seine erste Schulstunde kaum erwarten.

Heute habe ich meinen ersten Löwenzahn gesehen. Normalerweise verleiht mir der Frühling neuen Schwung, doch nicht dieses Jahr. Den ganzen Tag lese ich Berichte aus Butscha, höre Militärexperten zu, schaue mir Bilder des Krieges an. Es ist schwer zu ertragen. Ich hoffe, dass die russische Armee den Krieg verliert. Gleichzeitig will ich nicht, dass all diese gewöhnlichen Soldaten sterben. Ich ertappe mich manchmal bei dem Gedanken, Putin den Tod zu wünschen. Dann bekomme ich ein schlechtes Gewissen, weil ich früher nie jemandem den Tod gewünscht habe. Jetzt aber spüre ich dieses Verlangen. In meinem Kopf herrscht kognitive Dissonanz.

Die Regierung schmückt St. Petersburg für den 9. Mai, den Tag des Sieges. Ich verstehe nicht, wie Russen diesen Tag feiern können, wo wir doch die Aggressoren in diesem Krieg sind.

Ich bin nach Moskau gefahren, um mich mit ein paar Künstlerfreunden zu treffen. Viele von ihnen überlegen, auszuwandern. Eine Freundin von mir hat an mehreren Kundgebungen in Moskau teilgenommen. Bei einer davon wurde sie verhaftet, es kam zu einem demütigenden Prozess, und sie wurde zu einer Geldstrafe von 30 000 Rubel verurteilt. Ihre Freunde trieben die Summe für sie auf. Es kommt mir vor, als würde ich in einer Art Blase leben. So gut wie niemand in meinem Freundeskreis befürwortet den Krieg. Die Menschen in diesem Land leben schon seit Langem in zwei verschiedenen Realitäten.

Mein älterer Sohn ist letzten Montag zum ersten Mal in seinem Leben zur Schule gegangen, und ich war nicht da, um es mit ihm zu erleben. Gerade sitze ich im Bus von Lwiw nach Warschau. Von dort aus geht es weiter nach Kopenhagen. Ich vermisse meine Kinder, vermisse es, mit ihnen zu spielen, neben ihnen zu schlafen, mit ihnen in den Zoo zu gehen.

Ich bin zwar nicht gläubig, aber an Ostern treffen wir uns normalerweise mit der ganzen Familie. Wir essen Kuchen und feiern das Leben. Dieses Jahr haben wir getrennt gefeiert: Mein Mann und ich in Lwiw, seine Eltern in Kiew, seine Großeltern in Sumy und meine Kinder und meine Mutter in Kopenhagen, 1500 Kilometer entfernt. Früher fand ich diese Zusammenkünfte langweilig. Heute vermisse ich sie so sehr.

Wie eine Brieftaube, die ständig von einem Ort zum anderen fliegt, befördere ich Habseligkeiten und Nachrichten hin und her. Vor dem Krieg filmte ich in unserer Nachbarschaft in Kiew gern Vögel. Das hatte eine heilsame Wirkung auf mich: diese Vögel zu beobachten, ihre Gelassenheit. Es hat etwas Magisches an sich. Es herrscht Krieg, alles um einen herum zerspringt in tausend Stücke, Menschen sterben, man selbst aber ist nur ein Vogel, der in seiner natürlichen Umgebung existiert, ein Geschöpf, dessen Leben sich nie ändert.

Gestern feierten wir den elften Geburtstag meines Sohnes. Jetzt sitze ich mit einem Freund im Auto. Wir sind in Lettland, zwei Stunden von Riga entfernt. Ich bin müde. Weil Estland den russischen Sputnik-Impfstoff akzeptiert, konnten wir die Grenze problemlos passieren.

An der russischen Grenze sah ich Busse voller Ukrainer, die über drei Stunden warten mussten.

Meinen Kindern habe ich gesagt, dass ich nur zum Arbeiten nach Lettland fahre, aber in Wirklichkeit suche ich nach Möglichkeiten, dorthin auszuwandern. Ich habe einige meiner künstlerischen Arbeiten hierherschicken lassen und will versuchen, sie von hier aus zu verkaufen. Einen Teil des Erlöses aus den Kunstverkäufen würde ich gerne für die Ukraine spenden. Ich bin zwar kein Aktivist, aber ich denke ständig darüber nach, wie ich den Ukrainern helfen kann. Letztes Jahr erhielt ich ein Kunststipendium der norwegischen Regierung. Ende Februar versuchte die Stiftung, mir das Geld zu überweisen, aber es funktionierte nicht. Also bat ich sie darum, das Geld stattdessen an eine ukrainische Hilfsorganisation zu spenden, was sie dann auch taten.

Ich bin so erschöpft, dass mir jede Kommunikation schwerfällt.

Wenn ich in Dänemark bin, wie jetzt, vermisse ich meinen Mann und meine Familie in der Ukraine. Wenn ich in der Ukraine bin, vermisse ich meine Kinder. Das Traurigste daran ist, dass ich diese beiden Leben nicht vereinen, nicht an zwei Orten zugleich sein kann. Wenn der Krieg Monate oder Jahre dauert, was für eine Art Leben werden wir dann führen?

Ich mache mir Sorgen um meinen Ehemann und die anderen Männer in meinem Journalistenteam. Als wir vor ein paar Tagen in Lwiw zusammenkamen, haben sie noch Witze gemacht, meinten, wenn sie in die Armee eingezogen würden, statt als Reporter zu arbeiten, hätten sie wenigstens Helme und schusssichere Westen, um sich zu schützen. Ich will nicht, dass sie sterben.

Ich hätte nie gedacht, dass jemand mit Absicht Zivilisten töten, Bomben auf Kinder werfen würde. Aber genau das tut Russland tagtäglich. Wir haben keine andere Wahl, als den Krieg zu gewinnen. Wenn man Russland etwas gibt, das es will, wird es sich immer noch mehr nehmen. Die Ukraine muss gewinnen. Ukrainer, die glauben, dass Russland sich durch Putins Tod verändern würde, sind dumm. Russland wird immer das Nachbarland der Ukraine bleiben, ob uns das passt oder nicht. Und das macht mir sehr große Angst.

Hier in Riga wohne ich in der Wohnung der Mutter meines Freundes. Die Wohnung ist hübsch. Es gibt eine Küche, in der ich kochen kann, ein Bad, eine Katze und eine Veranda mit Blumen. Ich fühle mich sehr seltsam: Als ich noch in Russland war, glaubte ich, nach meiner Ausreise würde alles einfacher, aber das ist es nicht. Es ist schwer, die Nachrichten zu lesen und auch, nicht bei meiner Familie sein zu können. Gestern bin ich nach Tallinn in Estland gefahren, um einen Freund zu besuchen, der vor zweieinhalb Jahren dorthin ausgewandert ist. Wir waren auf einem Konzert des ukrainischen Sängers Ivan Dorn, der auch in Russland sehr berühmt ist. Er zeigte Filmaufnahmen vom Krieg, und schon zu Beginn des Konzerts kamen mir fast die Tränen.

Zur Feier des 32. Jahrestages der Unabhängigkeit von der UdSSR konnte man in Lettland vor ein paar Tagen kostenlos mit allen öffentlichen Verkehrsmitteln fahren. Ich bin zwar in der Sowjetunion geboren, aber Russland ist meine Heimat, also habe ich keinen persönlichen Bezug zur UdSSR.

Diese Woche wurde in Russland der „Tag des Sieges" gefeiert. Die Tage davor sind immer unheimlich: Kampfjets fliegen über die Städte, und überall ist es sehr laut. Die Regierung missbraucht diesen Nationalfeiertag für ihre Kriegspropaganda.

Am letzten Donnerstag verbrachte ich einen ganzen Tag in der Schule meines älteren Sohnes in Kopenhagen. In der Pause spielte ein ukrainischer Schüler den anderen Kindern ein Lied der ukrainischen Rap-Band Kalush vor, die den diesjährigen Eurovision Song Contest gewonnen hat. Alle im Klassenzimmer haben getanzt, auch mein Sohn. Sie waren so glücklich!

Ich denke über Leichen nach. Als ich 2014 anfing, über den Krieg im Donbass zu berichten, riet mir ein Kollege, „den Leichen zu folgen". Ich verstand nicht, was er damit meinte. Er dokumentierte damals, wie die Russen die Leichen ihrer getöteten Soldaten aus Donezk zurück nach Russland brachten. Ich habe Hunderte getöteter russischer Soldaten in Kühltransportern überall in der Ukraine liegen sehen, und niemand will sie zurück nach Russland bringen, um sie zu bestatten. Das sagt viel über den Krieg Russlands gegen die Ukraine aus. Die Russen scheren sich nicht einmal um ihre eigenen Leute. Sie benutzen sie lediglich als Futter für ihren Kriegsgott.

Seit zwei Wochen bin ich jetzt in Riga, und langsam gewöhne ich mich ein. Ich vermisse meine Familie, aber wir telefonieren fast jeden Tag. Meine Kinder fragen, wann ihr Papa wieder heimkommt. In den nächsten Wochen fahre ich wahrscheinlich zurück nach St. Petersburg, um einige der Papiere zu besorgen, die ich für meine Auswanderung benötige.

Mein Wohnungsnachbar hier in Riga hat mir erzählt, dass viele russischsprachige Letten Putin unterstützen. Ich frage mich, wieso sie dann hier leben und nicht in Russland. Am „Tag des Sieges" sah ich in Riga viele Menschen mit Blumen auf dem Weg zum Siegespark, um das sowjetische Siegesdenkmal zu besuchen. Viele Polizisten waren vor Ort, und die Fläche rund um das Monument war abgesperrt. Die Blumen wurden Freiwilligen übergeben, die sie dann vor dem Denkmal niederlegten. Tags darauf las ich im Internet, die Stadtreinigung habe die Blumen entfernen müssen, weil sie angeblich über Nacht erfroren seien. Einige brachten dann neue Blumen. Als ich das letzte Mal am „Tag des Sieges" Blumen niedergelegt habe, war ich noch Schüler.

Frühling - Sommer

Mein Sohn ist in Kopenhagen sieben geworden, und ich habe eine gute Freundin und deren Sohn eingeladen, mit uns zu feiern. Die Feier kam mir unwirklich vor, so als wären wir in die Zeit zurückgereist, in der noch kein Krieg herrschte.

Ich habe noch einige russische Bekannte und auch ein paar entfernte Verwandte in Russland. Alle von ihnen sind gegen Putin und die Verbrechen, die Russland in der Ukraine begeht. Trotzdem kann ich nicht mit ihnen sprechen, ohne irgendwo tief in meinem Inneren Wut zu empfinden, also meide ich sie gänzlich. Mir wird schlecht, wenn ich daran denke, dass sie die Augen vor all dem verschließen, was Putin und seine Leute anrichten, ohne etwas dagegen zu tun.

Diese Woche wartete ich auf Nachrichten von einem Freund aus Sjewjerodonzek, einer Gegend, die unter ständigem Beschuss der Russen steht. Er ist Aktivist und äußert seine anti-russischen Ansichten sehr offen, weswegen ich mir Sorgen gemacht habe. Ich wusste, dass die Russen ihn nach einer Gefangennahme foltern und töten würden. Als er sich endlich zurückmeldete, war ich unfassbar erleichtert. Irgendwie hat er es geschafft, dieser Hölle zu entkommen. Ich hoffe, ihn in Kiew zu treffen. Diese Woche fahre ich zurück in die Ukraine.

Ich bin immer noch in Riga. Die Leute hier wirken offen, freundlich und vertrauenswürdig. Manchmal habe ich Angst, dass sie nicht mit mir reden oder arbeiten wollen, weil ich Russe bin. Bisher ist mir das noch nicht passiert, also hoffe ich, dass es sich bei diesem Gefühl nur um meine eigenen inneren Ängste handelt.

Früher gab es auf der Welt viele Vorurteile gegenüber Russen. Ich war sehr froh, als sich dieses Bild im Laufe der Jahre allmählich wandelte. Doch jetzt machen wir wieder Rückschritte, und es kommen neue Vorurteile auf. Ich habe Kommentare gelesen, in denen die Auslöschung der russischen Kultur befürwortet wird. Mir fällt es schwer, solche Stellungnahmen zu lesen, aber ich versuche, die Leute, die so denken, zu verstehen. Ich kann mir nicht einmal annähernd vorstellen, was sie durchmachen und empfinden. Gleichzeitig weiß ich aber auch, dass nicht alle Ukrainer so denken.

Ich arbeite seit vielen Jahren mit einem französischen Institut zusammen, und sie haben angeboten, mir mit meinem Visumsantrag zu helfen. Ein Visum für Frankreich würde es mir und meiner Familie erlauben, neunzig Tage in Lettland zu bleiben, da es überall in der Europäischen Union gültig ist. Ich fahre diese Woche zurück nach Russland, um den nötigen Papierkram zu erledigen.

Ich bin zurück in Lwiw. Meine Kinder haben sich mittlerweile daran gewöhnt, dass ich zwischen ihnen in Kopenhagen und der Ukraine hin- und herpendle. Mein ältester Sohn ist jetzt in der Schule, und ich glaube, dass ihm das etwas sehr Wichtiges gibt: das Gefühl, nicht allein zu sein. Auch ich habe mich an das ständige Reisen gewöhnt. Wenn ich auf der Durchreise in Warschau oder Budapest bin, fühle ich mich fast schon wie zu Hause.

Mein Mann träumt davon, die Kinder wiederzusehen! Sie nicht treffen zu können, ist das Einzige, was ihm schwer zusetzt. Er ist erleichtert, dass sie in Sicherheit sind, gleichzeitig aber vermisst er sie so schrecklich, dass er alles dafür tun würde, um sie wiederzusehen. Sie vermissen ihn natürlich auch. Wir schmieden Pläne, um im Sommer vorübergehend wieder zusammenzukommen. Vielleicht in der Ukraine, vielleicht anderswo in Europa.

Ich habe vor, morgen nach Kiew zurückzufahren, aber das hängt vom Treibstoff ab – in der gesamten Ukraine herrscht Benzinknappheit. Ich will dort einige Interviews führen, dann reise ich in den Osten und Süden des Landes, um von dort aus zu berichten. Ich will unbedingt wissen, was dort vor sich geht. Ich war schon viele Male in der Donbass-Gegend, und ich glaube, ich kann darüber viel gründlicher berichten als die meisten internationalen Journalisten. Dort verläuft die Front, aber ich bin furchtlos.

Letzten Sonntag bin ich wieder in St. Petersburg angekommen. An der Grenze hat man mir keine Fragen gestellt, und ich war um Mitternacht zu Hause. Der Erste, der mich begrüßt hat, war mein Hund. Die Kinder schliefen schon, aber meine Frau war extra aufgeblieben. Am nächsten Morgen umarmten die Kinder mich zur Begrüßung, und ich schenkte ihnen Spielsachen, die ich für sie in Lettland gekauft habe – und auch T-Shirts von H&M, das in Russland dichtgemacht hat. Jetzt kann ich den Kindern zum Frühstück wieder Omeletts und Pfannkuchen machen und ihnen vor dem Schlafengehen russische Detektivgeschichten vorlesen.

Die Stadt kommt mir wie verwandelt vor. Alles ist grün. Auf mich wirkt sie befremdlich, weil nirgends ukrainische Fahnen hängen. Stattdessen fallen mir in der U-Bahn Plakate mit dem Buchstaben Z auf. Noch etwas ist mir bewusst geworden: dass die Gefahr, wegen meiner politischen Ansichten denunziert zu werden, nun Teil meiner russischen Identität geworden ist. Das bereitet mir Sorgen, weil es mich an das erinnert, was hier zu Sowjetzeiten passiert ist.

Meine Papiere für Lettland notariell beglaubigen zu lassen, wird sehr lange dauern. Ich mache mir oft Sorgen, dass wir unsere Pläne nicht in die Tat umsetzen können.

Vor einigen Tagen riss mich das Geräusch von Explosionen in der Nähe meiner Wohnung hier in Kiew aus dem Schlaf. Sogar den Rauch konnte ich riechen. Es war wie am ersten Tag des Krieges.

Letztens sprach ich mit meiner Mutter über unsere kulturelle Identität. Sie betrachtet sich als Ukrainerin, obwohl sie ihrer Abstammung nach eigentlich jüdische Russin ist. Meine Eltern und Großeltern wuchsen in der Wolga-Region nahe der ukrainischen Grenze auf. Mein Großvater bezeichnete unsere Familie immer als kosakisch, statt als russisch. Oft erzählte er mir Geschichten über das Kosakendorf, in dem er geboren wurde.

Er kannte auch viele ukrainische Volkslieder. Während der Besetzung der Krim und des Donbass erfanden die russischen Machthaber die Legende einer angeblich von Kosaken angeführten Bewegung, bei der Demonstranten angegriffen und gefoltert wurden. Als mein Großvater von dieser „Kosakenbewegung" hörte, wurde er furchtbar wütend. Er meinte, das habe nichts mit seinen eigenen kosakischen Wurzeln zu tun.

Ich selbst habe mich auch nie als Russin betrachtet, obwohl ich in Russland aufgewachsen bin. Als ich dreizehn war, zog ich mit meiner Mutter in die Ukraine, weil sie auf der Krim einen neuen Mann heiratete. Dort besuchte ich eine ukrainische Schule und ging später zum Studium zurück nach Russland, wo ich meine Karriere als Journalistin begann. Nach ein paar Jahren in Russland zog ich wieder zurück in die Ukraine. Als ich die ukrainische Staatsangehörigkeit erhielt, gab ich meinen russischen Pass auf.

Heute fahre ich an die Front im Osten, um von dort aus zu berichten.

Gestern fragte ich meine Kinder, was Patriotismus für sie bedeutet. Sie sagten, sie wissen es nicht. Dann fragte ich sie, was das Wort „Heimatland" bedeutet. Sie meinten, das sei das Land, in dem man geboren wurde. Als ich wissen wollte, ob sich das Verhältnis zum eigenen Land ändern könne, wenn man die Heimat verlässt, antworteten sie „Nein".

Ich habe keine klare Vorstellung davon, was russische kulturelle Identität für mich bedeutet. Ich habe sibirische und jüdische Vorfahren. Ich bin in der Sowjetunion geboren, aber in Russland aufgewachsen. Ich lehne den Krieg ab, also bin ich in den Augen der russischen Regierung ein Verräter. Für die Menschen im Ausland aber bin ich Russe, ein Bürger jenes Landes, das den Krieg begonnen hat. Mir kommt es vor, als wäre St. Petersburg mein Heimatland. Wenn mich jemand fragt, wo ich herkomme, antworte ich St. Petersburg, nicht Russland. Als ich 2006 zum ersten Mal im Ausland war und den Leuten dort erzählte, woher ich komme, dachten sie bei Russland immer nur an Schnee, Bären und Organisierte Kriminalität.

Dann merkte ich, wie sich dieses Bild veränderte. Jetzt aber stehen wir wieder ganz am Anfang. Ich würde Russen, zumindest diejenigen, denen Kunst und Literatur etwas bedeutet, als positiv denkende Menschen bezeichnen, die offen für neue Ideen sind und anderen leidenschaftlich gern helfen. Aber vielleicht bilde ich mir das auch nur ein.

Im Augenblick bin ich mit den Kindern zu Besuch bei meiner Mutter in meiner Heimatstadt. Ich habe von einer staatlich organisierten Beerdigung für einen 20-jährigen Soldaten gelesen, die hier vor ein paar Tagen stattfand. Er ist in der Ukraine gestorben. Die Folgen dieses Krieges werden in Russland überall zu spüren sein. Es wird viele Gräber geben.

Gestern kehrte ich mit meinem Reporterteam aus dem Donbass nach Kiew zurück. Morgen fahren wir an die Front in der Nähe von Slowjansk. Der Donbass ist für mich wie eine zweite Heimat. Vor der derzeitigen Invasion habe ich dort viel Zeit verbracht. In den vergangenen acht Jahren, seit dem letzten russischen Angriff, haben die Menschen dort ihre Städte wieder aufgebaut. Neue Gemeinschaften sind entstanden, die sich angenehme Wohn- und Lebensräume geschaffen haben. Jetzt werden ihre Träume abermals zerstört. Ich habe dort so viele Panzer, Soldaten und Rettungsmannschaften gesehen. Während ich mit den Leuten sprach, dachte ich daran, dass sie bei einem neuerlichen Angriff – morgen oder nächste Woche – bereits getötet werden könnten. Innerhalb von nur zwei Stunden hörte ich Dutzende von Explosionen und fragte mich, wieso ich dabei so ruhig bleibe, wo doch russische Raketen so dicht neben uns einschlugen. Es liegt daran, dass schon über drei Monate Krieg herrscht und wir uns daran gewöhnt haben.

In einer Kleinstadt sehr nahe an der Front interviewte ich einen örtlichen Beamten. Die Stadt sieht überraschend gepflegt aus. Überall wachsen Rosenbüsche. Die Einwohner gehen mit ihren Kindern spazieren, Teenager fahren auf Rollern durch die Gegend. Alles wirkt friedlich, aber es ist dort nicht sicher. Der Verwalter erzählte mir, dass manche Bewohner in ihrem eigenen Garten begraben werden. Bei dem schweren Artilleriebeschuss in der Region werden Menschen in Stücke gerissen, mal liegt hier eine Hand, mal dort ein Kopf. Leichen liegen tagelang im Freien, weil man sie nicht bergen kann. Manchmal kommen Nachbarn aus dem Haus, um die Toten zu begraben, und werden selbst von Granatfeuer getötet.

Es gibt Probleme mit unseren Visumsunterlagen, und wir müssen alles noch einmal einreichen. Mir wurde gesagt, es würde bis Ende nächsten Monats dauern, bis einige meiner Dokumente notariell beglaubigt werden können. Aber wir sind jetzt bei allem etwas gelassener geworden und haben beschlossen, unseren Plan ohne unnötigen Stress durchzuziehen.

Ein guter Freund von mir organisiert in Russland Konzerte. Letzte Woche hatte er einen Termin im Büro des Kulturkomitees von St. Petersburg, um über die Verschiebung eines seiner Konzerte zu sprechen. Man legte ihm eine Namensliste von Künstlerinnen und Künstlern vor, die von der russischen Regierung mit Auftrittsverbot belegt wurden, weil sie den Krieg ablehnen und sich öffentlich dagegen aussprechen. Auch einige seiner Musikerinnen und Musiker waren darunter.

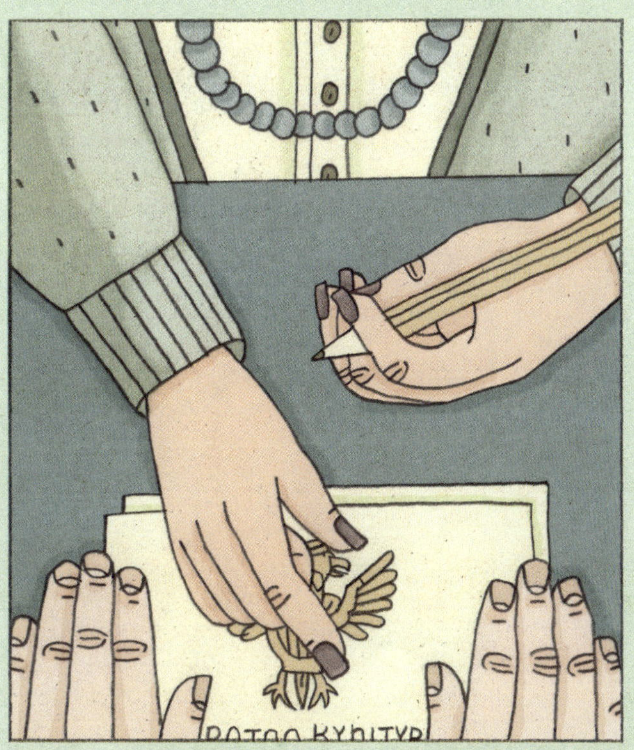

Es ist per Gesetz verboten, die russische Armee zu diskreditieren. Fast jede Äußerung oder Aktion gegen den Krieg kann als Kritik an der Armee gewertet und mit einer Geldbuße oder einer Gefängnisstrafe von bis zu zehn Jahren bestraft werden. Zwei Konzerte meines Freundes wurden aufgrund dieses Verbots verschoben. Er hat Angst um seine berufliche Zukunft und seine persönliche Sicherheit und denkt darüber nach, ob er nach Serbien oder Georgien auswandern soll. Aber auch er hat Familie, und das macht es kompliziert.

Der Sommer ist da – aber habe ich das Recht, in Sommerstimmung zu kommen?

Ich bin an der Front in der Südukraine und höre ständig Explosionen, einen Donnerschlag nach dem anderen. Aber das Leben geht weiter, und die Menschen hier unterstützen einander sehr. Einige Tage lang mussten sie ohne Wasser auskommen, und es gibt nicht genug Strom, Medikamente und Essen (Weizen ist das neue Gold!). Sie gehen durch die Hölle und wollen diesen Krieg unbedingt gewinnen. Hunderte pro-ukrainischer Aktivisten wurden hier gefangen genommen. Ich sprach mit einigen der Soldaten, die hier stationiert sind. Sie sind klug, mutig, und sie haben einen großartigen Humor.

Der Zoo von Mykolajiw wurde von Streumunition getroffen. Die Russen haben ihn mindestens achtmal beschossen. Zum Glück wurde niemand verletzt. Ich verstehe nicht, wieso man Raketen auf einen Zoo abschießen sollte. Vor ein paar Monaten wurde auch der Zoo in Charkiw bombardiert, und viele Tiere und drei Tierpfleger kamen dabei ums Leben. Voller Stolz zeigte mir der Zoodirektor von Mykolajiw ein Bild von sich und Prinzessin Diana, die den Zoo einmal besucht hatte. Der Zoo ist sein Leben, und jetzt ist er in großer Gefahr. Noch nie bin ich einer Giraffe so nah gewesen.

In Slowjansk lernte ich eine Frau namens Jelena kennen. „Brauchst du ein Auto?", fragte sie mich lachend und deutete dabei auf ein ausgebranntes Wrack auf der Straße. „Der Besitzer hat mir gesagt, er braucht es nicht mehr." Vor ein paar Tagen wurde ihr Haus von Granaten getroffen. Es geschah mitten in der Nacht, aber zum Glück wurde sie nicht verletzt. Drei ihrer Nachbarn kamen bei dem Angriff ums Leben. Fast alles in ihrem Haus wurde zerstört, nur eine Vase blieb heil. „Ich passe auf die ausgebombten Wohnungen auf, damit sie nicht geplündert werden. Hier sind viele Diebe unterwegs", erzählte sie mir.

Mit ein paar Freunden zusammen fuhr ich von Moskau aus mit dem Auto nach Riga. Diesmal reisten wir über Belarus ein. Wir mussten keine besonderen Papiere vorzeigen und waren rasch in Lettland. Vielleicht nehme ich diese Route auch, wenn ich meine Familie nachhole.

Letztes Jahr gab es in Belarus Demonstrationen gegen den dortigen Präsidenten. Ich verfolgte damals die Proteste in den Nachrichten und hoffte, das belarussische Volk würde siegen, aber leider wurde alles nur noch schlimmer. Einer meiner Freunde aus Belarus, ein Musikproduzent, der an den Protesten teilgenommen hatte, landete im Gefängnis und wurde dort gefoltert. Nach seiner Freilassung floh er nach Georgien, wo er jetzt lebt und Musikveranstaltungen organisiert. Auf der Fahrt durch Belarus suchte ich nach den Spuren der gescheiterten Revolution, doch das Einzige, was ich fand, waren endlose Weizenfelder.

Letzten Freitag besuchte ich das Konzert einer belarussischen Band. Ich kenne sie schon seit über zehn Jahren, weil ein enger Freund früher Konzerte in St. Petersburg für sie organisierte. Gleich nach Beginn des Krieges sagten sie all ihre Auftritte in Russland ab und weigerten sich, dort aufzutreten. Jetzt touren sie durch Polen und das Baltikum.

Ich weiß noch immer nicht, wie meine Zukunft aussehen soll. Ich bin immer wieder sehr verwirrt. Letztes Wochenende war ich in Vilnius in Litauen. Die Stadt ist wunderschön, und viele Leute dort sprechen Russisch. Trotzdem bin ich nach wie vor verstört, weil mir bewusst ist, dass ich aus Russland komme, dem Land, das diesen Krieg entfesselt hat.

Die letzte Woche war heftig. Ich habe Leute in Mykolajiw interviewt und mir die faszinierende Arbeit des staatlichen Notfalldienstes zeigen lassen. Dessen Entschärfer entminen in der ganzen Region Häuser und Felder, rund um die Uhr. Ich verbrachte einen ganzen Tag mit ihnen, an dem sie sechs Bomben und Teile russischer Uragan-Raketen entdeckten. Ein Mitarbeiter legte mir das Projektil einer Rakete in die Hand. Es fühlte sich schwer und heiß an, weil es derzeit draußen über 40 Grad warm ist.

Ich sprach mit einem Bauern, der trotz des Krieges weiter seine Ernte einbringen muss. Während unseres Interviews schossen die ukrainischen Truppen einige Raketen in Richtung der russischen Linien ab, nur 200 Meter von uns entfernt. Der Bauer zuckte nur mit den Achseln. „Nichts Außergewöhnliches", sagte er. „Die verteidigen uns nur." Dann mussten wir rasch weg, weil wir damit rechneten, dass die Russen zurückfeuern würden – doch sie taten es nicht. Es sieht so aus, als hätte ich großes Glück gehabt.

K

Woche 18

Ich habe Angst, dass der Ukraine eines Tages Waffen und Munition ausgehen, weil die Alliierten jetzt zu lange zögern, und dass Russland dann noch Tausende Menschen mehr umbringt. Vor einigen Tagen feuerten sie wieder Raketen auf Kiew ab. Sie trafen ein Haus ganz in der Nähe des Wohnblocks meiner Freundin, aber ihr ist nichts passiert.

Ich habe erfahren, dass Dänemark meiner Familie und mir eine Aufenthaltserlaubnis für zwei Jahre erteilt hat und auch eine Wohnung zur Verfügung stellt, was ich für ein großes Privileg halte. Gerade bin ich an der polnischen Grenze, auf dem Weg zurück nach Kopenhagen. Ich werde meine Kinder wiedersehen und sie bald auf eine Urlaubsreise mit in die Ukraine nehmen. Sie haben ihren Vater und ihre Großeltern seit vier Monaten nicht mehr gesehen, seit Kriegsbeginn. Wir haben beschlossen, mit der Familie irgendwo zusammenzukommen, wo es einigermaßen ruhig und sicher ist.

Diese Woche feiern die Letten Līgo, Mittsommernacht. Es ist sehr heiß hier in Riga, und ich habe einige Stunden am Strand verbracht. Ich weiß nicht wieso, aber schon kurz nach meiner Ankunft begann ich, meine Familie furchtbar zu vermissen, viel mehr als beim letzten Mal, als ich in Riga war. Ich habe versucht, ein Hotel am Meer zu finden, in dem ich mit meiner Familie Urlaub machen kann. Auf diese Weise könnte ich meinen Kindern Lettland näherbringen. Und ich hoffe, dass wir alle etwas entspannen können, wenn wir einige Zeit außerhalb Russlands verbringen.

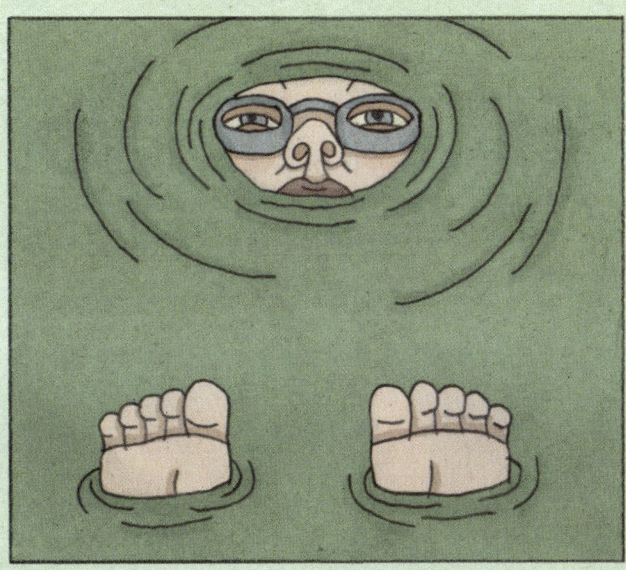

Letzte Woche war meine Frau in der Antragsstelle für Auslandsvisa. Sie haben ihre Unterlagen entgegengenommen, und wir hoffen nun, dass sie in ein bis zwei Wochen ihr Visum bekommt. Eine meiner besten Freundinnen wird mit ihrem Mann, ihren zwei Kindern und ihrem Hund nach Frankreich auswandern. Sie hat eine Abschiedsparty in St. Petersburg geschmissen, und ich feierte online mit.

Ich habe ein Interview mit dem Direktor des größten Kunstmuseums von St. Petersburg gelesen, der Eremitage. Darin bezeichnete er die jüngsten Ausstellungen der Eremitage im Ausland als „Spezialoperationen" und als „kulturelle Offensiven" gegen die jeweiligen Länder. Er sagte: „Wir befinden uns nicht mehr auf dem Rückzug, wir gehen jetzt neue Wege" und „wir sind alle Militaristen und Imperialisten. Unser Land verändert die Weltgeschichte." Es ist furchtbar. Ich muss ständig an seine Worte denken und kann gar nicht verstehen, wie er so etwas sagen konnte. Vor ein paar Jahren habe ich ihn bei der Eröffnung einer Ausstellung kennengelernt, an der wir zusammen gearbeitet hatten. Es fiel mir sehr schwer, diese Aussagen zu lesen.

Ich bin in Kopenhagen, und es ist ruhig und schön hier. Aber ich stelle mir vor, wie schrecklich es wäre, aufzuwachen, zum Einkaufen in die Stadt zu fahren, und dann plötzlich von einer Rakete getroffen und getötet zu werden. Das ist die Angst, mit der die Ukrainer tagtäglich leben müssen. Wie viele Raketen hält Putin für die Ukraine noch bereit? Wie viele Fachleute, Institute und Think Tanks beobachten und analysieren Russland schon seit Jahrzehnten? Hunderte? Tausende? Und dennoch waren die meisten überrascht, als Russland in die Ukraine einmarschierte. Die meisten Experten haben sich noch nie mit dem russischen Kolonialismus auseinandergesetzt. Er ist ein blinder Fleck.

Seit Beginn der Invasion hat sich nicht viel verändert. Die Ukraine versucht durchzuhalten, doch der Preis dafür ist außerordentlich hoch. Kaum vorzustellen, wie das Leben in den besetzten Gebieten aussieht. Die Menschen dort warten jetzt schon seit über vier Monaten auf eine Befreiung. Sie haben nichts Richtiges zu essen, kein Wasser und kein Geld. Hunderte wurden verschleppt und in Gefängnisse gesteckt, gefoltert oder sogar ermordet. Für sie wäre das Donnergeräusch der Artillerie eine Erlösung.

Das Frustrierendste für mich ist, dass ich nicht weiß, wo ich leben soll. Wahrscheinlich stellen sich viele Ukrainer heute diese Frage. Meine Kinder sind in Kopenhagen, während ich in der Ukraine arbeite und zwischen verschiedenen Kriegsgebieten hin und her reise. Aber ich habe gute Neuigkeiten: Mein Mann, seine Eltern, die Kinder und ich sind auf dem Weg zu einer Pension in den Karpaten, um dort ein paar Urlaubstage als Familie zu verbringen. Wir sind überglücklich.

Gestern bin ich nach St. Petersburg zurückgekehrt. Es ist heiß hier, über 30 Grad. Die Straßen sind voller Menschen. Alle wirken fröhlich und sorglos. Die Leute sitzen in Straßencafés und Restaurants, essen und trinken. Man hat das Gefühl, es gäbe gar keinen Krieg. Ich habe von dem ukrainischen Bombenangriff auf Belgorod gelesen, einer russischen Stadt in der Nähe der Grenze. Das klang schrecklich, aber genau so ist Krieg nun mal. Das hier ist nicht einfach nur eine „Spezialoperation".

Vorletzte Nacht hatte ich einen apokalyptischen Traum. Ich lief mit jemandem durch ein Feld. Plötzlich riss der Himmel entzwei. Er brach einfach so auseinander. Dann erwachte ich, und es war früh am Morgen.

Russland hat seine Grenzen wieder geöffnet. Von nun an muss ich keine ausländische Arbeitserlaubnis mehr vorzeigen, um auszureisen. Meine Frau und ich sprachen über unsere Auswanderungspläne. Sie hält es für besser, wenn ich mir zuerst eine Arbeitserlaubnis für Lettland besorge, während sie noch mit den Kindern in Russland bleibt. Sie würde sie gern noch eine Weile in die Schule in St. Petersburg schicken. Trotzdem befürchten wir, dass man sie in der Schule propagandistisch beeinflusst. Die russische Regierung hat kürzlich das Einführen neuer Schulfächer angekündigt, spezielle Bildungsprogramme über Patriotismus. Aber was soll das eigentlich heißen?

Ich bin mit meinem Mann, seinen Eltern und unseren Kindern in Zakarpattia in den Karpaten. Vor dem Zweiten Weltkrieg gehörte diese Gegend noch zu Ungarn. Die Dörfer in der Umgebung unserer Pension wurden im 13. und 14. Jahrhundert erbaut. Hier ist es wunderschön und friedlich. Meine Schwiegereltern besuchen diese Gegend zum ersten Mal, und sie gefällt ihnen sehr gut. In unserer Pension gibt es einen Pool, also sind meine Kinder die meiste Zeit im Wasser.

Vor unserer Ankunft sagte ich meiner Familie, dies sei der sicherste Ort für unser Treffen, weil Russland diesen Teil des Landes nicht beschießen würde: Er liegt an der Grenze zu Ungarn, und der ungarische Ministerpräsident ist Putins Freund. Doch in der zweiten Nacht wurden wir vom Geräusch einer Luftschutzsirene geweckt. Meine Schwiegereltern sagten, sie hätten das Zischen einer vorbeifliegenden Rakete gehört. Sie glauben, es war ein Marschflugkörper. Sie kennen dieses Geräusch, weil sie es in Kiew, wo sie wohnen, häufig hören, daher hatten sie überhaupt keine Angst.

Heute hat Russland eine dicht besiedelte Wohngegend in Winnyzja mit Raketen beschossen. Ein kleines Mädchen wurde dabei getötet, und diese Nachricht erschütterte mich zutiefst. Die Mutter des Mädchens überlebte den Angriff, liegt aber schwer verletzt im Krankenhaus. Die Ärzte haben ihr noch nicht gesagt, dass ihre Tochter tot ist – sie fürchten, dass sie sonst all ihren Lebensmut verliert und stirbt. Das Mädchen war genauso alt wie mein jüngerer Sohn. Ich sah mir ein Video von ihr an und musste weinen. Was, wenn ich diese Frau wäre, und ihr Kind meins? Würde ich dann die Kapitulation der Ukraine befürworten, nur damit das alles endlich ein Ende hat?

Diese Woche, so scheint es, führe ich wieder ein ganz normales Leben. Ich stehe um 7.30 Uhr auf, gehe mit dem Hund spazieren, mache Frühstück für die Kinder und erledige die Einkäufe. Ich habe an einem Bücherbasar zugunsten von behinderten Menschen teilgenommen. Viele Leute haben Bücher gespendet. Ich half dabei, sie aus einem Kleintransporter auszuladen. Es waren mindestens vier Tonnen. Viele sozial engagierte Leute waren auf dem Basar, und ich bin sicher, dass viele von ihnen gegen den Krieg sind. Es war eine sehr bewegende Erfahrung für mich.

Der Ort, an dem die russische Kultur am drastischsten ausgelöscht wird, ist Russland selbst. Viele russische Schriftsteller und Musiker wurden von den Behörden mit Auftrittsverboten belegt, und letzte Woche wurden drei Theaterintendanten entlassen.

Ich habe meine Frau gefragt, was ihr mehr Angst macht: die Vorstellung, in Russland zu bleiben, oder die Vorstellung auszuwandern. Sie meinte, sie habe mehr Angst davor, von hier wegzugehen, weil sie befürchtet, sich im Ausland einsam zu fühlen und keine echte Aufgabe mehr zu haben. Davor habe auch ich Angst. Heute gab es in der Ukraine wieder Explosionen, in Winnyzja. Bei diesem Grauen fehlen mir die Worte. Immer mehr Menschen sterben. Ich bin sprachlos vor Verzweiflung, fühle mich wie gelähmt. Und mir wird klar, dass dieses Gefühl nicht verschwinden wird, ganz gleich, ob ich am Ende hier lebe, oder woanders. Ich kann meinen Wohnort ändern, aber nicht dieses Gefühl.

Ich habe die Kinder bei ihren Großeltern und meinem Mann in unserer Ferienwohnung in den Karpaten zurückgelassen, um nach Ternopil im Westen der Ukraine zu fahren, wo ich zur Hochzeit einer Freundin eingeladen bin. Ich hoffe, die Feierlichkeiten werden nicht durch Sirenengeheul oder Raketen gestört.

Die Ukraine ist nie ein besonders aufgeschlossener Staat gewesen, da sie so lange Teil des sowjetischen Systems war – die Sowjetunion an und für sich war ja antisemitisch. In der Ukraine habe ich häufig antisemitische Witze gehört. Angriffe von rechtsextremen Gruppen gegen Menschenrechtler, linke Aktivisten und LGBTQIA*-Personen habe ich oft persönlich miterlebt. Früher habe ich regelmäßig an Pride-Veranstaltungen in Kiew teilgenommen, und jedes Mal sah ich, wie Teilnehmende von Rechtsradikalen – zum Teil mit Baseballschlägern – attackiert wurden. Manchmal griff die Polizei ein, manchmal nicht. Einige der Angreifer trugen Tätowierungen, die Hakenkreuze und Adolf Hitler darstellten. Ich persönlich kenne niemanden, der solche Symbole gutheißt, aber ich beurteile Menschen lieber nach ihren Taten als nach ihren Tätowierungen. Es ist die Gewalt, die ich verabscheue.

Putin missbraucht die Taten solcher Extremisten, indem er damit seine Expansionspolitik und den russischen Einmarsch in die Ukraine rechtfertigt. Er beschuldigte sogar unseren jüdischen Präsidenten, ein Nazi zu sein. Die russischen Machthaber sind Lügner, und sie scheren sich nicht darum, was die Welt von ihnen denkt. Diese Invasion lässt sich durch nichts rechtfertigen.

Das Leben geht weiter, jetzt aber wird es begleitet von einem andauernden Gefühl der Trauer. Ich weiß noch immer nicht, wie ich mit diesem Gefühl leben soll. Wie ich mein Vertrauen wiedergewinnen soll. Wie ich mit meinen Kindern reden soll, ohne ihnen Angst zu machen. Meine alltägliche Arbeit hilft. Die Menschen, die ich liebe, um mich zu haben, hilft natürlich ebenso. Und gestern bin ich in meinem Viertel in St. Petersburg spazieren gegangen, was auch ein bisschen geholfen hat.

Das, was gerade in der Ukraine vorgeht, als „Denazifizierung" zu bezeichnen, ist eine irrwitzige Form von Propaganda. Selbstverständlich gibt es auch in Russland Nazis, so wie überall sonst auf der Welt. Immer wieder las ich von Straßenkämpfen und Gewalttaten, die sich vor allem gegen asiatisch aussehende Menschen aus den ehemaligen Sowjetrepubliken richteten, aber auch gegen andere.

Vor 17 Jahren wurde der Freund eines Freundes wegen seiner antifaschistischen Ansichten auf der Straße von Neonazis angegriffen. Er hieß Timur Kacharava. Er war zwanzig Jahre alt. Sie haben ihn erstochen. Seine Freunde sagten vor Gericht aus, er habe zuvor Todesdrohungen erhalten. Ich kannte ihn nicht sehr gut, aber ich traf ihn hin und wieder in den Kneipen meines Viertels. Man konnte gut mit ihm quatschen. Nach dem Angriff suchte ich den Ort auf, an dem er getötet worden war. Da lagen Blumen und ein Schild mit der Aufschrift „Timur, wir werden dich nie vergessen." Das war womöglich mein persönlichstes Erlebnis mit Nazismus in Russland.

Oh, es war so gut, bei der Hochzeit letzte Woche wieder meine Freunde zu treffen, die nun alle an verschiedenen Orten leben. Da ich die meiste Zeit in Kriegsgebieten verbringe, sehe ich kaum noch irgendwelche Freunde – ich habe einfach keine Zeit mehr dazu, und das macht mich traurig.

Im Moment bin ich in Mykolajiw im Süden der Ukraine. Die Leute hier haben sich an den ständigen Beschuss gewöhnt, trotzdem hat er seine Auswirkungen. Ein Psychiater am örtlichen Krankenhaus erzählte mir, dass jeden Tag Ortsbewohner zu ihm kommen und über Panikattacken klagen.

Heute Morgen war ich an der Front, nur 4 Kilometer von den russischen Stellungen entfernt, und 24 Kilometer vom besetzten Cherson, wo vor der Invasion viele meiner Freunde wohnten. Damals war ich oft hier, um meine Freunde zu besuchen. Der Militäroffizier, der mich herumführte, stammt zufällig von der Krim, die nicht weit von hier entfernt ist. Ich erzählte ihm, dass ich vor der Annexion auch dort lebte, und er fragte mich, in welcher Straße. Plötzlich war ich am Boden zerstört.

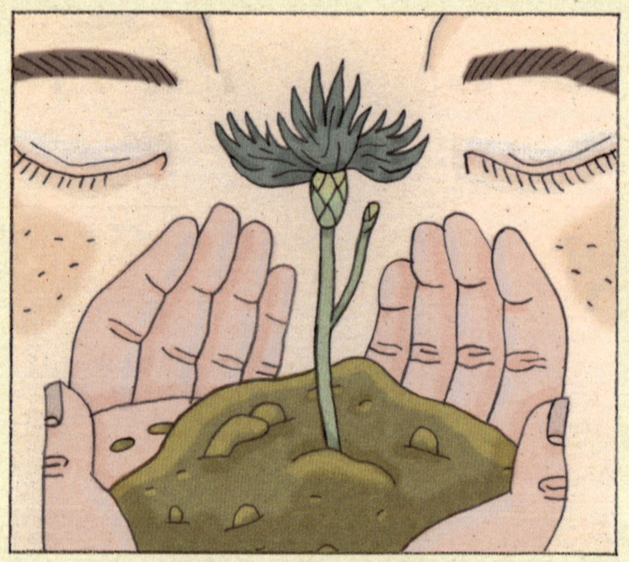

Ich kann mich an jeden Zentimeter jener Straße erinnern, an jedes Haus, jeden Baum, jedes Blumenbeet. Es ist ein seltsames Gefühl, mitzuerleben, wie Gegenden, die man so gut kennt, von fremden Mächten besetzt werden und man dann nicht mehr dorthin zurückkann. Die Krim ist für mich der schönste Ort der Welt, und ich wünsche mir so sehr, dorthin zurückzukehren, meine alten Freunde wiederzutreffen, das Haus zu betreten, in dem ich einst gewohnt habe, die Gräber meiner Großeltern zu besuchen. Ich möchte die Erde und die Bäume dort berühren. Aber ich kann nicht in meine Heimat zurückkehren, an den Ort, der zu mir gehört wie mein eigener Fingerabdruck. Ihm heute so nahe zu sein und ihn trotzdem nicht besuchen zu können, wühlt mich furchtbar auf.

Vor ein paar Tagen fuhren wir mit Freunden in einem Kleinbus an den Finnischen Meerbusen. Wir machten ein Lagerfeuer, grillten Würstchen und ließen einen Drachen steigen. Den ganzen Tag lang las ich keine Nachrichten.

Nächste Woche erfahre ich, ob die russischen Behörden mir mein Universitätsdiplom offiziell beglaubigen werden, wodurch ich den Status einer Fachkraft und damit eine Arbeitserlaubnis für Lettland erhalten würde. Ohne diese Erlaubnis dürfen wir mit unserem EU-Visum nur 90 Tage in Lettland bleiben. Wir haben vor, mit den Kindern einen Kurzurlaub in Lettland zu machen und unsere Anträge einzureichen, während wir dort sind. Die Kinder können es kaum erwarten. Sie freuen sich vor allem darauf, im Meer zu schwimmen, endlich wieder bei McDonald's essen zu gehen und Lego und Nintendo-Spiele zu kaufen.

Meine Frau und ich haben darüber gesprochen, welche Route es uns erlauben würde, unseren Hund mitzunehmen. Wir besitzen kein Auto, und in Bussen sind Hunde nicht erlaubt. Wir wollen aber nicht ohne unseren Hund weggehen. Die einzige Möglichkeit wäre, ein Auto zu mieten, bis zur estnischen Grenze zu fahren, zu Fuß über die Grenze und zum nächsten Bahnhof zu gehen, von dort einen Zug nach Tallinn zu nehmen – und dann mit einem Mietwagen nach Riga zu fahren.

Mir sind die neuen Plakate aufgefallen, die jetzt überall in St. Petersburg hängen. Sie zeigen Fotoporträts russischer Soldaten, die in der Ukraine kämpfen. Auf den Postern werden sie als Helden bezeichnet, aber meine Helden sind sie nicht. Ich bin immer noch deprimiert. Es ist ein seltsames Gefühl: Morgens geht es mir gut, aber wenige Stunden später kann ich mich auf nichts mehr konzentrieren. Psychotherapie ist in den vergangenen Jahren in Russland zunehmend beliebter geworden. Vielleicht brauche ich bald professionelle Hilfe, aber momentan bin ich noch nicht ganz bereit dafür.

In der Ukraine gibt es keine stillen Nächte: Gegen drei oder vier Uhr morgens wird man von Sirenen geweckt, dann hört man irgendwo in der Nähe laute Einschläge und betrachtet vom Fenster aus das Flugabwehrfeuer. Danach geht man wieder schlafen, wenn man kann. Doch ukrainische Nächte sind auch wunderschön. Während der Ausgangssperre sind die Straßenlampen ausgeschaltet, und man kann die Sterne sehen. Nach fast einer Woche an der Front schlief ich in Kiew wie ein Baby, sogar während des Luftalarms.

Heute bin ich wieder in den Karpaten, wo meine Kinder die letzten Wochen mit ihrem Vater verbracht haben. Ich bereite mich darauf vor, mit ihnen zurück nach Dänemark zu fahren. Ich bin gleichzeitig traurig und erleichtert. Für Kinder ist Dänemark eines der besten Länder der Welt. Es ist dort sicher und wunderschön. Aber für uns als Familie ist es hart. Mein Mann ist traurig und entmutigt. Er möchte jeden Tag bei unseren Kindern sein. Er war so glücklich, während unseres Urlaubs hier auf dem Land Zeit mit ihnen verbringen zu können. Jetzt kann er sie wieder monatelang nicht sehen. Es tut sehr weh, und es ist schwer zu akzeptieren, dass wir nicht mehr als Familie zusammenleben können.

Ich glaube, mein Siebenjähriger ist seit Kriegsbeginn viel erwachsener geworden. Wir sprechen jetzt über existenziellere Fragen, über Krieg und Frieden, kulturelle Identität, und über unsere Wurzeln. Er kann schon auf seinen kleinen Bruder aufpassen – er ist klüger und viel verantwortungsbewusster geworden. Gestern Abend im Bett erzählte er meinem Mann, er wolle nicht einschlafen, weil sonst der Tag seiner Abreise nach Dänemark zu schnell nahen würde, der Tag, an dem er aus seinem eigenen Land fliehen muss, was er doch gar nicht will. Armer Junge.

Ich habe meine Kinder gefragt, ob sich unsere Beziehung seit Kriegsbeginn verändert hätte, und sie sagten Nein. Der einzige Unterschied sei, dass wir früher bei unseren Gesprächen nie das Wort „Krieg" benutzt hätten.

Ich hatte den Kindern schon von Anfang an erklärt, dass Putin derjenige ist, der den Krieg angefangen hat, dass Russland in die Ukraine einmarschiert ist, dass ich gegen den Krieg bin und dass die Ukraine ein großartiges Land ist. Ich erzählte ihnen von den Bomben und davon, dass die Menschen jetzt in U-Bahn-Schächten Zuflucht suchen müssen. Sie wissen, dass der Krieg andauert, aber ich habe aufgehört, mit ihnen darüber zu sprechen. Ich will ihnen nicht jeden Tag von den Kriegsschrecken berichten. In den ersten Wochen sahen sie immer wieder mal Filmausschnitte aus dem Krieg, die unerwartet zwischen den Sendungen, die sie sich auf YouTube ansahen, gezeigt wurden. Das jüngere Kind erzählte uns später davon, das ältere nicht.

Wenn solche Videos gezeigt werden, schließen sie die Augen oder legen das Handy weg. Ich glaube nicht, dass sie im Augenblick viel über den Krieg nachdenken. Sie erwähnen ihn nur, wenn es darum geht, dass sie etwas haben wollen, das sie wegen der Sanktionen nicht haben können.

Kürzlich kam mein jüngeres Kind von der Schule heim und meinte, ein Mitschüler habe behauptet, dass es in Wahrheit die Ukraine gewesen sei, die Russland angegriffen habe, statt andersherum. Wir erklärten ihm, dass das nicht stimmt. Wenn ich den Eindruck bekommen sollte, dass die Kinder in der Schule propagandistisch beeinflusst werden, werde ich dafür sorgen, dass sie in einem anderen Land aufwachsen. Ich hätte nichts dagegen, wenn sie in einer anderen Kultur als meiner eigenen groß würden. Ich möchte, dass sie mit kulturellen Einflüssen aus der ganzen Welt aufwachsen.

Ich bin wieder bei meinen Kindern und meiner Mutter in Dänemark. Wir sind in einen Block mit Sozialwohnungen gezogen. Hier wohnen viele ukrainische Familien, zusammen mit Migranten aus dem Nahen Osten. Wir nennen es unser „nettes Getto", weil sich die Ukrainer hier alle gegenseitig helfen. Ich würde mich nicht als „Geflüchtete" bezeichnen, weil ich kein Asyl beantragt habe. Ich würde auch nicht sagen, dass meine Mutter und die Kinder Geflüchtete sind. Man nennt uns hier einfach „Ukrainer". Alle glauben, dass wir wieder zurückgehen, wenn der Krieg vorbei ist. Wir glauben das auch, aber das wird sich noch zeigen. Vorerst werde ich bis Anfang September hierbleiben. Während ich hier in Kopenhagen bin, will ich ein paar Kunstmuseen besuchen. Hier zu wohnen, bietet mir die Gelegenheit, mehr über diesen Teil der Welt zu lernen. Und dennoch: Trotz der Gefahren fällt es mir leichter, an der Front zu arbeiten, als in Dänemark mit den Kindern tatenlos herumzusitzen.

Ich habe darüber nachgedacht, was der Krieg mit meinem Körper macht. Ich habe das Gefühl, alt zu werden. Kurz nach Beginn des Einmarschs fielen mir neue Falten rings um meine Augen auf. Auch meine Freunde sehen jetzt anders aus. Ihre Haut ist blasser als zuvor, ihre Augen sind dunkler, und ihre Lebenslust ist erloschen. Ich habe Angst, zu altern, und ich glaube, ich sehe bald viel älter aus, als ich es tatsächlich bin. Auch habe ich Angst davor, vorzeitig zu sterben, weil mein Körper das Trauma, das ich durchmachen muss, nicht verkraften kann. Ich glaube, dass es vielen Ukrainern ähnlich geht. Wir verbringen so viel Zeit damit, uns durchzuschlagen, Widerstand zu leisten und zu kämpfen. Aber wofür? Es gibt so viele wunderbare Dinge auf der Welt. Doch von Wahnsinn getriebene Tyrannen zerstören sie.

Gestern reiste ich mit meinen Kindern über einen kleinen Grenzübergang im Wald nach Lettland ein. Ich habe gehört, dass russische Immigranten an manchen Übergängen eine Erklärung unterschreiben müssen, in der sie den Krieg verurteilen. Auf diese Weise hofft man, Personen zu identifizieren, die eine Gefahr für die nationale Sicherheit Lettlands darstellen könnten. Ich verstehe diese Maßnahme, aber sie kommt mir trotzdem komisch vor. Ich musste ein solches Formular noch nicht unterschreiben, aber wenn sie mich dazu auffordern, werde ich es tun.

Hier hängen überall ukrainische Fahnen: an Gebäuden, in Fenstern und an Bustüren. Mein jüngeres Kind meint, es wären zu viele und rief, als wir durch die Straßen von Riga fuhren: „Mir kommt es vor, als wären wir gar nicht in Lettland, sondern in der Ukraine. Hier gibt es ja mehr ukrainische Fahnen als lettische!" – „Nein, wir sind in Lettland", erwiderte mein älteres Kind. „Es gibt hier so viele ukrainische Fahnen, weil Lettland gegen den Krieg ist."

Nachdem wir in unser Hotel eingecheckt hatten, gingen wir zu McDonald's. Ich mag McDonald's nicht besonders. Ich esse dort nur, weil meine Kinder es mögen. Dann besuchten wir ein Videospiel-Museum und kauften ein paar neue Nintendo-Spiele. Die Kinder haben sich sehr gefreut. In ein paar Tagen fahren wir in ein Dorf am Rigaer Meerbusen, wo meine Frau zu uns stoßen wird. Ich habe vor, den Kindern im Laufe der kommenden Tage Riga zu zeigen und sie dann zu fragen, ob sie sich vorstellen könnten, hier länger zu leben. Ich scheue mich noch ein wenig davor, darüber nachzudenken, dass Lettland womöglich ihre neue Heimat werden wird. Vielleicht blockiert mein Gehirn ja solche Gedanken.

Gestern war ich mit den Kindern in Kopenhagen in einem Museum, das eine hervorragende Kunstsammlung aus dem 19. Jahrhundert besitzt. Während ich die Landschaftsgemälde und Stadtszenen betrachtete, wurde ich ganz niedergeschlagen. Die Welt, in der wir heute leben, ist so ganz anders als die in den Gemälden. So viele Städte sind zerstört worden. Die Natur ist verschmutzt. Es gibt so viel Hass, so viele Kriege auf der Welt. Die Menschheit hat es nicht geschafft, die schönsten Dinge auf ihrer Welt zu erhalten. Wie sind wir nur so weit gekommen?

Neulich erinnerte mich die Lücke zwischen den Blättern eines Baumes im Garten meiner Freundin in Kopenhagen an den Buchstaben Z. Ich sehe überall imaginäre Zs. Ich bin ständig angespannt und habe Angst, dass meinen Freunden oder Verwandten etwas zustößt. Selbst Kleinigkeiten, die mir sonst nichts ausgemacht hätten, gehen mir nicht mehr aus dem Sinn. Jemand hatte mir ein Paket geschickt, aber ich war nicht zu Hause. Ich musste ständig daran denken, welche Katastrophe es doch wäre, wenn ich niemanden finden würde, der es für mich abholt. Ich versuche, solche Ängste zu verdrängen, aber es gelingt mir nicht.

Ich mache mir große Sorgen darüber, was der Winter bringen wird. Was ist, wenn die Ukrainer dann keinen Strom oder kein Gas haben? Mein Mann hat beschlossen, ein Haus in Lwiw mit Holzkaminofen zu mieten, damit wir nicht erfrieren. Es ist ein großes Haus, und wir haben vor, unsere Freunde dort aufzunehmen, falls ihre Heizungen nicht mehr funktionieren. Wir haben beschlossen, unsere Wohnung in Kiew aufzugeben. Ich mochte solche Wohnblocks noch nie besonders: hoch, groß und leer. Nun aber will ich dort nicht ausziehen. Ich habe so viele Sachen: Bücher, Fotos, Gemälde, Kleidung, Möbel. Ich kann mir nicht vorstellen, das alles so plötzlich auszuräumen.

Wir machen Urlaub am Rigaer Meerbusen, sonnen uns und schwimmen im warmen Wasser. Gestern ist meine Frau eingetroffen. Wir wohnen in einer Pension, gemeinsam mit ein paar litauischen Touristen. Gestern haben wir zusammen Kebab gegrillt, und sie luden mich zu ukrainischem Wodka ein. Wir sprachen über den Krieg. Sie meinten, sie könnten nicht verstehen, wieso Russland den Krieg begonnen hat. Ich sagte ihnen, dass ich den Krieg für böse halte.

Gestern war der Todestag des berühmten sowjetischen Musikers Wiktor Zoi. Als Teenager war ich ein großer Fan von ihm. Er starb vor 32 Jahren bei einem Autounfall in der Nähe des Dorfes, in dem wir gerade wohnen. Am Unfallort gibt es ein Denkmal, das wir mit dem Fahrrad besuchten. Viele Leute waren gekommen, und Zois russischsprachige Lieder schallten aus Lautsprechern. Er war ein Gegner des Sowjetregimes, und sein Lied „Chotschu Peremen" (Ich will Veränderung) wurde damals zum Symbol für politischen Wandel. Auch noch bei den Protesten in Belarus im Jahr 2020 wurde es gespielt.

Wir haben gelesen, dass die Europäische Union ein Visaverbot für Russen in Erwägung zieht. Das könnte bedeuten, dass wir bald nicht mehr aus Russland auswandern können. Wir denken jetzt über andere Möglichkeiten nach. Das Problem ist, dass ich in letzter Zeit keine Pläne machen kann. Ich kann nur ein oder zwei Wochen vorausdenken. Ich versuche, im Hier und Jetzt zu leben, anstatt in der Zukunft.

Gestern besuchte ich mit meinem Siebenjährigen das Wikingerschiff-Museum von Kopenhagen – er war schwer begeistert. Auf der Straße in der Nähe des Museums spielte eine mexikanische Musikgruppe. Am Ende ihres Auftritts rief der Sänger ins Mikrofon: „Stoppt Kriege auf der ganzen Welt!" Ich dachte darüber nach, wie sinnlos so ein Aufruf ist. Es ist, als würde man einem Obdachlosen raten, sich ein Haus zu kaufen.

Meine Freunde auf der Krim haben die Kondensstreifen ukrainischer Luftabwehrraketen am Himmel gesehen. Vor zwei Wochen erst hatte ich ihnen geraten, die Krim zu verlassen und an einen sichereren Ort zu ziehen, weil ich wusste, dass die Gegenoffensive bald beginnen würde. Und das tat sie dann auch. Ich hoffe, ihnen geschieht nichts. Es ist sehr schlimm, zu sehen, wie meine geliebte Krim angegriffen wird, aber es muss sein, denn es ist noch schlimmer, mitanzusehen, wie Russland mein Land zerstört.

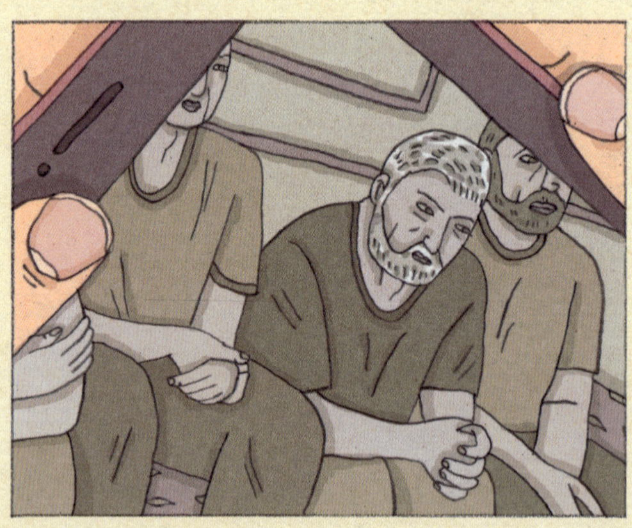

Es gibt Wege, friedlich gegen Totalitarismus anzukämpfen: Man kann die Öffentlichkeit über das Regime aufklären, weltweit Mitstreiter rekrutieren, ein Netzwerk von Leuten aufbauen, die im kleinen Rahmen Hilfe leisten. Oder man kann zu den Waffen greifen und kämpfen. Heute veröffentlichten russische Propagandisten ein Video meines Freundes, des Menschenrechtsaktivisten Max Butkewitsch, der sich in russischer Gefangenschaft befindet. Max ist Pazifist. Er kämpfte sein ganzes Leben lang friedlich für Menschenrechte und Gleichberechtigung. Doch als Russland die Ukraine überfiel, war Soldat zu werden für ihn die einzig vertretbare Möglichkeit. Ein Problem wie dieses lässt sich nicht ohne Waffen lösen. Max wurde in der Nähe von Sjewjerodonezk von den Russen gefangen genommen. Im Video sieht sein Haar ganz grau aus, und er wirkt sehr dünn. Es war schmerzhaft, ihn so zu sehen, aber ich bin froh, dass er am Leben ist.

Unser Strandurlaub ist vorbei. Wir hatten eine Menge Spaß, sind geschwommen, waren im Wald spazieren und haben Wein getrunken. Manchmal vergaß ich den Krieg dabei völlig. Jetzt ist meine Frau mit den Kindern wieder in Russland, und ich bin nach Riga zurückgefahren, wo ich noch eine Woche bleibe, um meine Kunst zu verkaufen und zu verschicken. Ich habe wieder damit begonnen, Nachrichten über den Krieg zu lesen, und es geht mir nicht sehr gut.

Ich glaube, dass die ukrainische Gegenoffensive psychische Auswirkungen auf die Menschen in Russland haben wird. Russen fuhren auf die Krim, um Strandurlaub zu machen, stattdessen aber wurden sie bombardiert. Ich hoffe, dass sie jetzt wenigstens begreifen, dass dies nicht nur eine militärische Operation ist, sondern ein echter Krieg. Ich habe Angst davor, was geschehen würde, wenn St. Petersburg bombardiert würde. Trotzdem versuche ich, es aus ukrainischer Perspektive zu betrachten, und ich könnte verstehen, warum sie Russland bombardieren würden. Hier ist viel die Rede davon, dass Russland vielleicht auch das Baltikum angreifen könnte, und ich habe mich gefragt, was passieren würde, wenn Riga bombardiert würde, während ich hier bin.

Gestern Abend lernte ich einen Mann aus Großbritannien kennen, der auf dem Weg nach Moskau zu seiner russischen Frau war. Ich fragte ihn, wieso er in das Land reist, das diesen Krieg begonnen hat. Er antwortete, sein eigenes Land sei ja auch in vielen Kriegen Aggressor gewesen. Diese Antwort fand ich seltsam – zugleich aber akzeptiere ich sie, weil ich einsehe, dass ich keine Ahnung davon habe, was Briten über ihre Kriege denken.

Sommer-Herbst

Manche meiner Freunde wurden von den Russen gefangen genommen. Manche werden im Kampfgefecht sterben. Manche sind bereits tot. Wenn ich Leute sagen höre, die Ukraine verlange zu viel Unterstützung, fühle ich mich hilflos.

Vor einiger Zeit diskutierten mein Mann und ich darüber, welche Fähigkeiten wir erlernen sollten, jetzt, wo sich unser Land im Krieg befindet. Vor dem russischen Einmarsch hatten wir schon oft darüber nachgedacht, was es bedeuten würde, eine Waffe zu besitzen. Jedes Mal waren wir uns einig, dass der Besitz einer Waffe die Bereitwilligkeit voraussetzt, einen Menschen zu töten. Ich für meinen Teil könnte mir nie vorstellen, auf jemanden zu schießen, nicht einmal, wenn es darum ginge, mein Land zu verteidigen.

Vor ein paar Monaten interviewten wir auf einem Militärstützpunkt in der Südukraine Soldaten. Mit ihrer Erlaubnis nahm mein Kameramann eine Waffe in die Hand und begann, damit auf eine Zielscheibe zu schießen. Als er abdrückte, bekam ich Ohrensausen. Auch ich wurde eingeladen, auf eine Zielscheibe zu feuern, aber ich sagte den Soldaten, dass ich mich dazu noch nicht bereit fühle. Mein Mann lehnte auch ab. Jetzt findet er aber, er sei so weit, auf einen Schießstand zu gehen und zu üben. Ich finde es richtig, dass er sich neue Fähigkeiten aneignet, die in Kriegszeiten nützlich sein könnten. Aber ich selbst kann mir immer noch nicht vorstellen, eine Waffe zu besitzen oder jemanden zu töten – dafür schätze ich menschliches Leben zu sehr.

Ich stelle mir nicht die Frage, wofür ich bereit wäre zu sterben. Ich habe ganz einfach vor, nicht zu sterben. Mein Ziel ist es, zu überleben, anderen dabei zu helfen, diesen Krieg zu überleben, und das ukrainische kulturelle Erbe zu bewahren.

Ich bin mit dem Bus von Lettland nach Estland gefahren. In Narva überquerte ich zu Fuß eine Brücke, die nach Russland führt. Als ich nach Iwangorod kam, der ersten Stadt auf russischer Seite, bemerkte ich keinerlei Anzeichen des Krieges. Die Leute gingen ihren alltäglichen Erledigungen nach, Kinder spielten auf dem Spielplatz. Erst, als ich in der St. Petersburger U-Bahn saß, sah ich wieder Plakate mit dem Buchstaben Z.

In den letzten vier Monaten bin ich dreimal nach Russland eingereist. Als ich bei dieser Einreise die Brücke nach Russland überquerte, fragte ich mich, ob ich Russland wirklich verlassen kann. Visabeschränkungen sind noch immer im Gespräch, und Russen mit estnischen Visa, die sich im Ausland aufhalten, dürfen jetzt nicht mehr nach Estland zurückkehren.

Außerdem war das Gefühl, heimzukehren, als ich diesmal nach St. Petersburg zurückkam, ungleich stärker als bei den letzten Malen. Selbst die alltäglichsten Tätigkeiten, wie den Müll herauszutragen, zum Supermarkt zu gehen oder den Hund auszuführen, weckten in mir ein starkes Gefühl der Zugehörigkeit. Ich kann mir immer schlechter vorstellen, Russland wirklich zu verlassen.

Ich habe darüber nachgedacht, was wäre, wenn ich in diesen Krieg eingezogen würde. Ich habe beschlossen, keine Waffe zu tragen. Ich würde sogar ins Gefängnis gehen, wenn das der Preis ist, den ich dafür zahlen muss. Die russische Regierung hat diesen Krieg angezettelt, und ich kann mir nicht vorstellen, auf ihrer Seite zu kämpfen. Wäre ein anderes Land in Russland einmarschiert, dann wäre ich vielleicht bereit, eine Waffe zu tragen. Ich wäre bereit, für meine Familie zu sterben.

In der Ukraine beginnt heute wieder die Schule. Weil häufig Schulgebäude beschossen werden, können aber nur 30 Prozent der Schüler wieder den Unterricht besuchen. Viele Schulen haben jetzt Luftschutzkeller. In den besetzten Gebieten schüchtern russische Soldaten Lehrer und Eltern ein, stehlen Geräte und Ausrüstung und sorgen dafür, dass ukrainische Geschichte und Kultur vom Lehrplan gestrichen wird. Vor dem Einmarsch hatte ich geplant, die Einschulung meines älteren Sohns in Kiew zu feiern. Jetzt geht er hier in Kopenhagen in die Schule. Kürzlich erzählte er mir, dass er Kiew vermisst, dass er traurig ist, weil er seinen Vater und seine Großeltern nicht sehen kann, und dass er sie sehr lieb hat. Ich versuche, nicht zu weinen, wenn ich so etwas höre, aber das ist schwer. Wir haben uns dieses neue Leben nicht ausgesucht – Russland hat uns unser altes gestohlen.

Eine Freundin von mir hat ihre Familie nach Deutschland evakuiert. Ihr Sohn sollte dort zur Schule gehen, aber die Stadt, in der sie gelandet sind, quillt über vor Geflüchteten. Einen ganzen Monat lang stand sie jeden Morgen früh auf, um in Schulen nach einem Platz für ihren Sohn zu fragen. Jeden Tag bekam sie eine Absage. Sie arbeitet als Kellnerin, um ihren Lebensunterhalt zu verdienen, und nun muss sie auch noch ihren Sohn zu Hause unterrichten. Der Vater des Jungen darf die Ukraine nicht verlassen. Ich bin dankbar, dass meine Kinder zur Schule und in den Kindergarten gehen können und eine Großmutter und ein Kindermädchen haben. Aber ich vermisse das Gefühl, Teil einer Familie zu sein. Früher war ich fast immer mit meinem Mann zusammen, und jetzt, wo ich in Dänemark bin, können wir nur miteinander telefonieren. Ich habe ihn seit über einem Monat nicht gesehen, und ich weiß nicht, ob man ihm gestatten wird, die Ukraine zu verlassen. Ich hoffe, dass wir uns bald wiedersehen.

Es ist September, und wir brachten die Kinder wieder hier in St. Petersburg zur Schule. Es gibt jetzt ein neues Fach auf dem Lehrplan: „Gespräche über wichtige Dinge führen". In diesem Fach hörten sich die Kinder die russische Nationalhymne an und lernten etwas über die Nationalwappen Russlands, Englands und Amerikas. Neuerdings ordnet die Regierung an, dass in russischen Schulen vor der Fahne salutiert und einmal wöchentlich die Nationalhymne gespielt werden muss. In der Schule unserer Kinder wurde das am ersten Schultag auch so gemacht, und es fühlte sich seltsam an. Die Nationalhymne wurde nur 30 Sekunden lang gespielt, dann plötzlich abgebrochen, woraufhin die reguläre Schulhymne in voller Länge lief. Meine Kinder kennen den Text der Nationalhymne nicht. Sie sangen also nicht mit, als sie gespielt wurde.

In der Grundschule lernte ich die Hymne der UdSSR. Alle mussten sie auswendig lernen. Meine Generation war die letzte, die noch zu den Pionieren ging, der staatlichen Jugendorganisation. Ich bin damals im Frühjahr eingetreten, und im Herbst wurde die Organisation aufgelöst. Nach dem Zusammenbruch der UdSSR bekam Russland eine neue Hymne. Als Putin Präsident wurde, führte er, bis auf ein paar Änderungen, die alte Hymne der UdSSR wieder ein. Als Kind bedeutete mir die Sowjethymne viel, heute aber wirkt sie auf mich verlogen. Das einzige Mal, dass ich beim Anblick der russischen Flagge Stolz empfand, war, als unsere Mannschaft bei den Olympischen Spielen gewann. Früher wurden Fahnen nur an russischen Feiertagen gehisst. Nun hängen sie an etlichen Gebäuden, doch in den Fenstern der Wohnhäuser sehe ich keine. Seit Beginn des Krieges muss ich beim roten Streifen unten auf der Fahne immer an Blut denken.

Seit über einem Monat bin ich jetzt in Kopenhagen bei den Kindern. Mehrmals diese Woche haben mich im Grunde unwichtige Kleinigkeiten zum Weinen gebracht. Das ist ungewöhnlich für mich. Ich sage mir immer, dass ich durchhalten, bei Verstand bleiben und dafür sorgen muss, dass ich und andere überleben. Ich bin mir bewusst, wie wichtig die Arbeit, die wir als Kriegsberichterstatter leisten, ist, also muss ich weitermachen, ganz gleich, was auch passiert. Ich habe kein Recht, zusammenzubrechen. Würde man mich nach dem wichtigsten ukrainischen Charakterzug fragen, dann würde ich mich genau darauf beziehen: Wenn wir hinfallen, stehen wir wieder auf und machen weiter. Wir haben keine andere Wahl, als uns am eigenen Schopf aus dem Sumpf zu ziehen.

Ich habe geweint, weil mir ein Freund in der Ukraine erzählte, dass er sich als Soldat gemeldet hat. Ich hätte das nie von ihm gedacht, aber er tat es. Diese Woche gab es gute Nachrichten aus der Region Charkiw, und als ich die Videos aus den Städten sah, die von der russischen Besatzung befreit worden waren, musste ich schon wieder weinen. In einem Video sah man, wie ein ukrainischer Soldat ein russisches Propagandaplakat von einer Werbetafel riss. Auf dem alten Poster, das darunter zum Vorschein kam, stand ein Zitat des ukrainischen Dichters Taras Schewtschenko über die Freiheit. Das war sehr berührend.

Mein siebenjähriger Sohn weinte letzte Woche auch. Er telefonierte mit seinem Vater in Kiew. Als er meinen Mann auf dem Bildschirm sah, fing er an zu schluchzen und sagte ihm, dass er nach Hause will, dass er die Ukraine liebt, und dass er unser Familienleben vermisst. Diese Woche kommt meine Schwiegermutter aus Kiew, um uns hier in Dänemark zu besuchen. Ich glaube, dann wird es ihm besser gehen.

Gerade bin ich hier in St. Petersburg vom Einkaufen zurückgekommen. Auf dem Heimweg fielen mir Leute in Armeeuniformen auf. Es waren Schauspieler, die einen Film über den Zweiten Weltkrieg drehten. Die Straßen waren voller Panzerigel aus Holz. Wie seltsam, in diesen Tagen einen Kriegsfilm zu drehen. Ich frage mich, was diese „Soldaten" mit ihren Uniformen und Gewehren wohl über den derzeitigen Krieg denken.

Diese Woche gab es in der Schule meiner Kinder einen Elternabend. Es hieß, dass es von nun an jeden Montag vor der ersten Stunde eine neue Unterrichtseinheit geben werde, in der die Lehrer mit den Kindern über Dinge wie die russische Flagge und Hymne sprechen würden. Von allen Eltern war ich der Einzige, der Fragen stellte. Dann meinte die Lehrerin, dass das neue Fach nicht verpflichtend sei. „Sie müssen wissen, dass uns dieses Fach vom Bildungsministerium auferlegt wurde", sagte sie. Dieses neue Propagandaprojekt scheint nicht sehr erfolgreich zu sein.

Als ich im Russland der 1990er aufwuchs, hatte ich immer das Gefühl, meine Meinung frei äußern zu können. Unter Putin hat sich das geändert. Als junger Mann war ich nicht sonderlich politisch. Mein Interesse galt meiner Arbeit, obwohl ich versuchte, den schlechten Ruf Russlands im Ausland zu korrigieren, indem ich internationale Künstler nach St. Petersburg brachte. Jetzt frage ich mich, ob meine gesamte Generation nicht den Fehler begangen hat, der Politik zu wenig Aufmerksamkeit zu schenken. Es ist wichtig, dass die nächste Generation die Regierung unseres Landes mitgestaltet. Ich habe meinen Kindern vermittelt, wie essenziell eine freie Presse ist, und welche Falschmeldungen über diesen Krieg verbreitet werden. Ich habe ihnen nicht verboten, anderen offen von unseren Gesprächen zu erzählen. Ich habe beschlossen, mir keine Sorgen darum zu machen.

Ich habe großartige Neuigkeiten: Mein Mann durfte die Ukraine verlassen. Er erhielt eine Sondergenehmigung des ukrainischen Kulturministeriums, weil wir an der Verleihung eines europäischen Journalistenpreises teilnehmen wollen, für den wir nominiert worden sind. Letzte Woche kam er zu uns nach Kopenhagen, und er wird einen Monat lang hierbleiben. Seine Mutter ist auch hier – fast die gesamte Familie ist wieder vereint. Ich hatte meinem siebenjährigen Sohn nichts von der Ankunft meines Mannes erzählt, und so war es eine Riesenüberraschung. Mein Mann klingelte an der Tür, mein Sohn öffnete, und als er seinen Vater sah, schrie er vor Freude auf, fiel ihm in die Arme und hielt ihn ganz lange umklammert.

Wir haben das Wochenende damit verbracht, meinem Mann unsere Lieblingsorte in der Stadt zu zeigen. Wir waren im Tivoli, dem Vergnügungspark von Kopenhagen, wo wir ein paar wilde Fahrten unternahmen. Dann erkundeten wir zusammen das Aquarium und die Innenstadt. Mein Mann freut sich so, bei uns und in Sicherheit zu sein. Es ist eine große Erleichterung und das erste Mal in diesem Jahr, dass er sich außerhalb der Ukraine aufhält. Er hat dort so viel Anstrengendes erlebt, und jetzt kann er sich endlich ausruhen. Die meisten Männer in der Ukraine müssen große Belastungen aushalten, weil man ihnen nicht einmal für eine Woche zur Entspannung erlaubt, die Ukraine zu verlassen.

Meinen Mann hier zu haben, ist auch für mich eine große Erleichterung. Die Kinder zu betreuen, dabei hart arbeiten zu müssen und auch noch die Wohnung instand zu halten, hat mich sehr erschöpft. Gleichzeitig vermisse ich die Ukraine, vor allem meine Außeneinsätze. Ich wäre gern zum Zeitpunkt der Befreiung in Sjewjerodonzek und Mariupol.

Gestern postete die berühmteste Sängerin Russlands, Alla Pugatschowa, auf Instagram etwas über den Krieg. Sie schrieb, die russischen Soldaten würden „für illusionäre Ziele sterben, die unser Land zu einem Paria machen." Sie schrieb allerdings nichts über die Auswirkungen des Krieges auf die Ukraine. Trotzdem glaube ich, dass sie gute Worte gewählt hat, die auf die Russen wirken werden. Ich hoffe, ihr Post wird mehr Menschen dazu bringen, sich Gedanken darüber zu machen, dass russische Soldaten umsonst sterben. Alle unabhängigen russischen Medien berichteten über ihren Kommentar.

Zum ersten Mal seit Kriegsbeginn habe ich mir vorgenommen, ein paar kaputte Sachen in unserer Wohnung zu reparieren. Der Wasserhahn in unserer Küche tropft schon ewig, und ich habe ihn ausgetauscht. Im Eisenwarenladen überkam mich ein seltsames Gefühl, und ich dachte: „Während die Ukraine zerstört wird, kaufen etliche Leute hier Ersatzteile, um etwas Kaputtes zu reparieren." Ich war einer von ihnen.

Ich bin es nicht mehr gewohnt, unter Menschen zu sein. Ich schotte mich zunehmend von anderen ab. Ich möchte nur noch Leute treffen, denen ich vertraue und die meine Ansichten teilen. Ich habe angefangen, mehr Zeit mit meinen Kindern zu verbringen – wir spielen Nintendo-Spiele, gehen spazieren, oder ich koche ihnen, was sie mögen. Ich versuche, durch meine Kinder zur einer Art innerem Frieden zu gelangen. Aber ich rechne nicht damit, dass dieses Gefühl lange anhält.

Mein Mann ist immer noch bei uns in Kopenhagen. Es geht ihm sehr gut. Heute waren wir mit den Kindern in Schweden, das von Kopenhagen aus nicht weit entfernt liegt. Wir haben dort einige Kunstmuseen besucht. Es ist großartig, durch solche Besuche verschiedene Facetten der europäischen Geschichte kennenzulernen. Morgen fliegen wir in die Türkei, um Freunde und Kollegen aus verschiedenen Ländern zu treffen.

Vor einigen Tagen gab es zwischen Russland und der Ukraine einen Austausch von Kriegsgefangenen. 215 ukrainische Soldaten wurden befreit. Ich habe die Namensliste der Befreiten durchgesehen, konnte aber meinen Freund, den Menschenrechtsaktivisten Max Butkewitsch, nicht finden. Ich bin erleichtert, dass so viele unserer Kämpfer freigekommen sind, aber ich denke immerzu an Max. Wie es ihm wohl geht? Weiß er, dass manche dieser Hölle entkommen sind?

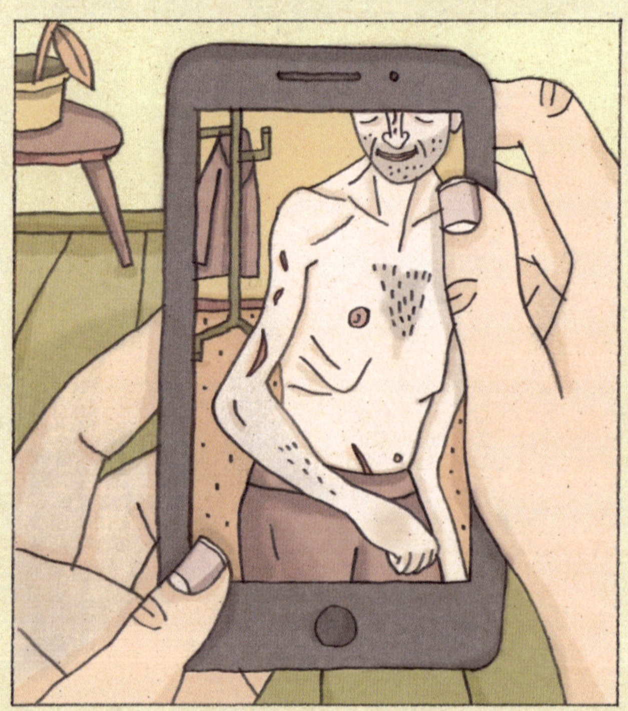

K

Woche 31

Ich habe ein Foto von Michailo Dianow gesehen, einem der befreiten ukrainischen Soldaten. Es sieht aus, als wäre er gefoltert worden. Er hat Narben im Gesicht. Vor seiner Gefangennahme hatte er sich im Gefecht den Arm gebrochen. Ich habe gelesen, seine russischen Wärter hätten ihm die Granatsplitter ohne Narkose mit einer rostigen Zange herausgezogen. Der Knochen ist nicht gut verheilt. Bilder wie diese sind schwer anzusehen. Deshalb versuchen Social-Media-Plattformen, solche Fotos vor der Öffentlichkeit zu verbergen. Doch um zu verstehen, was in der Welt vor sich geht, müssen wir uns solche Bilder ansehen. Sie erinnern uns daran, dass wir alle Menschen sind, und dass Menschen einander so etwas niemals antun sollten.

Als die Einberufung begann, geriet ich etwas in Panik. Da ich nicht militärisch ausgebildet bin, gehöre ich bestimmt nicht zu den Ersten, die eingezogen werden, aber die Regierung lügt andauernd, man kann also nie wissen. Der Ehrlichkeit halber muss ich erwähnen, dass ich für mich beschlossen habe, nicht an den Demonstrationen gegen die Mobilmachung teilzunehmen. Ich habe Angst vor der Polizeigewalt.

Traurige Nachrichten: Ich habe eine Busfahrkarte ergattern können und Russland letzten Freitag verlassen. Meine Familie ist noch immer in St. Petersburg. Ich bin jetzt in Helsinki. Anfangs war ich nervös. Doch als ich im Bus saß, ging es mir langsam besser. An der Grenze zu Finnland zählte ich über 70 Autos. Ich musste zweieinhalb Stunden auf russischer Seite warten, bis ich ausreisen konnte. Die Grenzbeamten inspizierten bei allen das Gepäck und forderten manche von uns auf, die Koffer zu öffnen.

Viele junge Männer waren unter den Reisenden. Ich bin mir sicher, dass die meisten aus dem gleichen Grund da waren wie ich: um der Einberufung zu entkommen. Ich konnte spüren, wie angespannt alle um mich herum waren. Alle saßen ganz still da. Am Ende durften alle Passagiere im Bus nach Finnland ausreisen. Ich glaube, ich bin gerade noch davongekommen. Es sieht so aus, als würde Putin noch diese Woche Männern gänzlich verbieten, Russland zu verlassen. Dann gibt es nur noch wenige Optionen: entweder im Krieg zu kämpfen, Putin Widerstand zu leisten oder sich im Wald zu verstecken.

Mit meinem derzeitigen Visum darf ich nur noch wenige Wochen in der EU bleiben. Am Donnerstag fliege ich nach Istanbul, wo ich eine Weile ohne Visum bei Freunden unterkommen kann, die im Frühjahr dorthin ausgewandert sind. Polen und die baltischen Staaten haben letzte Woche ihre Grenzen für russische Touristen dichtgemacht, und Finnland könnte bald dasselbe tun. Ich muss irgendwie an eine EU-Aufenthaltserlaubnis kommen. Aber erst einmal muss ich mich beruhigen. Dann treffe ich eine Entscheidung.

Ich denke oft über die seelischen Verwundungen nach, die dieser Krieg verursacht. Ich fühle mich wie in einer Art Schwebezustand. Mir passiert viel Gutes, aber ich kann mich nicht darüber freuen. Es ist, als hätte ich gerade ein Kind geboren, und ich weiß, ich sollte eigentlich überglücklich sein, doch das Baby ist immerzu am Schreien, und alles, was bleibt, ist ein Gefühl tiefer Erschöpfung.

Letzte Woche war ich in der Türkei und sah dort viele Russen, die, wie ich annahm, wegen der Einberufung dorthin gekommen waren. Im selben Hotel, in dem auch ich wohnte, waren viele kräftige Männer im wehrpflichtigen Alter. Ihr Anblick machte mir Angst. Ich fürchtete, einige von ihnen könnten mich oder meine Freunde angreifen, wenn sie herausfänden, dass wir Ukrainer sind. Ich mied jeglichen direkten Austausch mit ihnen, und selbst das Hotelpersonal schien uns auseinanderhalten zu wollen:

Sie setzten die ukrainischen Gäste in einen Teil des Restaurants und die russischen in einen anderen. Ich bekam einige ihrer Gespräche mit und hörte, dass sie über die Einberufung sprachen. Wir beschlossen, nur Ukrainisch zu sprechen, weil wir nicht wollten, dass sie uns verstehen. Als sie uns Ukrainisch sprechen hörten, schauten sie mit bedrückter, ja sogar ein wenig angsterfüllter Miene zu uns herüber.

Dann sah ich Hunderte von Russen am Flughafen. Viele Familien waren darunter, und ihre Kinder taten mir leid: Was für ein Leben erwartet sie jetzt? Wenn ihre Eltern Putin und den Völkermord an den Ukrainern unterstützen, werden sie lernen, die Ukraine und den Westen zu hassen. Trotzdem habe ich die Hoffnung, dass diese Kinder einmal anders sein werden als ihre Eltern, und dass sie den Wunsch verspüren werden, ihr Land zu verändern.

Ich bin in Istanbul und fühle mich desorientiert. Niemand braucht mich hier. Ich habe keinen gesellschaftlichen Status. Ich lebe in völliger Ungewissheit. Ich rauche viel. Ich wohne in Kadıköy, dem asiatischen Teil der Stadt, und alles, was ich darüber sagen kann, ist, dass das Viertel groß und laut ist, und dass hier viele Menschen leben. Ich bin es nicht mehr gewohnt, so viele Menschen um mich zu haben. Meine Freunde helfen mir, mich einzugewöhnen. Es sind viele Russen hier. Heute traf ich auf der Straße zufällig jemanden, den ich aus St. Petersburg kenne. Meine Freunde erzählten mir, ihnen passiere das oft. Ich verbringe meine Zeit damit, im Stadtviertel herumzuschlendern, mit meinen Freunden in Cafés zu gehen und eine Menge Tee zu trinken. Außerdem war ich bei IKEA, um Handtücher zu kaufen. Dort zu sein, hat sich vertraut angefühlt, weil ich einige der Möbel sah, die auch in meiner Wohnung in St. Petersburg stehen und die ich gekauft habe, bevor IKEA in Russland dichtmachte.

Meine Frau ist erleichtert, weil es mir gelungen ist, Russland zu verlassen. Wir haben beschlossen, unseren Kindern nicht zu sagen, dass ich wegen der Einberufung weggegangen bin. Stattdessen erzählten wir ihnen, dass ich nach Riga zurückfahre, um dort zu arbeiten – einerseits, weil wir ihnen keine Angst machen wollen, aber auch, weil wir befürchten, sie könnten es aus Versehen in der Schule erwähnen.

Ich weiß nicht, wann ich jemals wieder in mein Heimatland zurückkehren kann, und ich mag immer noch nicht glauben, dass dies meine neue Wirklichkeit ist. Ich kann noch nicht sagen, ob ich hierbleiben oder woanders hingehen möchte. Ich brauche Zeit, um mir darüber klar zu werden, was ich will. Ich habe meinen Freunden geholfen, ihre Wohnung zu putzen, habe den Boden gewischt und das Geschirr abgewaschen. Das gibt mir wenigstens das Gefühl, ein echtes Leben zu leben.

Letzte Woche war ich auf einer Konferenz in New York – mein erster Besuch in den USA! Das ständige Pendeln zwischen einem Kriegsgebiet und Ländern, in denen das Leben ganz normal verläuft, stellt für mich keinen Widerspruch dar. Ich muss zwischendurch etwas Normalität erleben. Mehrere Leute in New York erzählten mir, sie hätten Angst, in den USA könne ein Bürgerkrieg ausbrechen, weil ihre Gesellschaft so gespalten sei. Mir scheint das unwahrscheinlich, weil ich glaube, dass es in den USA genügend Menschen gibt, die einen Krieg verhindern würden.

Als ich wieder in Dänemark war, las ich die schrecklichen Nachrichten: Als Vergeltung für die Explosion auf der Krimbrücke vor einigen Tagen ließ Putin Städte in der ganzen Ukraine bombardieren. Mein Schwiegervater ist immer noch in Kiew, weil er noch keine 60 ist, und Männer zwischen 18 und 60 Jahren dürfen die Ukraine noch immer nicht verlassen. Er erzählte mir, Raketen hätten ihn in kurzer Distanz überflogen. Und im Supermarkt habe eine Frau geschrien: „Wir werden hier alle sterben!" Dann sei sie in Ohnmacht gefallen.

Viele Menschen in der Ukraine sind wegen all der schrecklichen Dinge, die geschehen sind, verrückt geworden. Weil es so viele Hassbotschaften auf Facebook gibt, halte ich mich dort selten auf; ich benutze es nur noch, um nachzuschauen, wo meine Freunde sind und ob sie überhaupt noch leben. In absehbarer Zeit sehe ich keine Zukunft für meine Familie in der Ukraine. Alle Kultureinrichtungen in Kiew haben geschlossen. Mir ist es wichtig, dass meine Kinder in einem kulturellen Umfeld aufwachsen. Wenn ich in die Ukraine zurückreise, dann fahre ich immer sofort an die Front, um von den Kämpfen zu berichten, weil alle Leute, die mir wichtig sind, Kiew verlassen haben und in nächster Zeit auch nicht zurückkehren werden.

Die letzte Woche verging sehr schnell. Ich helfe meinen Istanbuler Freunden im Haushalt. Ich koche, erledige den Abwasch, hole ihre Tochter von der Schule ab. Wie immer lese ich jeden Morgen erst einmal die Nachrichten. Nach der Explosion auf der Krimbrücke befürchtete ich eine Gegenoffensive. Und dann kam sie: die massive Bombardierung der Ukraine. Ein Geschoss traf sogar einen Spielplatz. Der gestrige Tag war sehr hart für mich, und es fiel mir schwer, irgendetwas zu tun. Erst abends, als ich mit meinen Freunden zusammensaß, konnte ich etwas entspannen. Ich frage mich oft, wie ich beim Wiederaufbau der Ukraine helfen kann. Meine finanziellen Mittel sind begrenzt, aber ich lege immer etwas von meinem Monatsbudget für Spenden zurück. Diese Zahlungen werden zwar bescheiden sein, dafür aber regelmäßig.

Ich glaube, dass Russland schon verloren hat, egal was jetzt noch passiert. Die russische Wirtschaft ist sichtlich geschrumpft, und sie wird noch weiter schrumpfen. Die Gesellschaft ist gespalten zwischen all jenen, die den Krieg befürworten und denen, die ihn ablehnen. Es fällt mir schwer, Vorhersagen über die Zukunft Russlands zu treffen. Ein föderales System, das es einzelnen Regionen erlaubt, unabhängig von Moskau eigene Entscheidungen zu treffen, wäre besser. Ich kann mir unmöglich eine Zukunft in Russland vorstellen, wenn ich nicht einmal imstande bin, mein Leben in der Gegenwart zu verstehen. Ich hoffe, dass ich irgendwann wieder denselben Tätigkeiten wie vor dem Krieg nachgehen und meine Erfahrungen mit anderen teilen kann. Aber ich weiß nicht, ob ich in Zukunft wieder ein sehr geselliger Mensch sein werde. Im Augenblick sehne ich mich nach Abgeschiedenheit – am liebsten würde ich mich in einer Hütte im Wald verkriechen.

Ich bin müde. Die letzten Monate waren so anstrengend, dass ich am liebsten nur noch schlafen würde. Selbst nach dem Aufwachen fühle ich mich, als wäre ich noch immer im Tiefschlaf. Ich glaube, mein Körper will mir damit sagen, dass ich kürzertreten und besser auf mich achtgeben muss. Aber das kann ich nicht. Ich muss ständig an den Krieg denken, an meine Familie, meine Freunde – und an meine Feinde. Der Krieg scheint kein Ende zu nehmen. Ich finde keine Ruhe, um nachzudenken. Vor der Invasion konnte ich viel Zeit allein in meiner Wohnung in der Ukraine verbringen, nachdenken, lesen oder schreiben. In New York habe ich ein paar tolle Bücher gekauft, die ich nach Dänemark mitbrachte, aber ich hatte bisher noch keine Zeit, sie zu lesen. Das macht mich traurig, denn ich lese so gerne.

Seit Kurzem setzt Russland iranische Shahed-Drohnen bei ihren Angriffen gegen die Ukraine ein. Sie machen mir große Angst. Diese Drohnen sind zwar primitiv und unpräzise, aber auch unberechenbar, und es ist sehr schwer, sie abzuschießen. Sie beschossen damit unsere Kraftwerke, und 30 Prozent unseres Stromnetzes wurde dabei zerstört. Mehr als 1000 Städte und Dörfer sind ohne Strom, was auch bedeutet, dass viele Menschen kein Wasser haben. Und ab jetzt wird es sogar noch schlimmer werden, denn Russland will unser ganzes Land zerstören. Es herrscht Weltuntergangsstimmung. Morgen fahre ich zurück in die Ukraine, um von dort aus über den Krieg zu berichten.

Die Leute hier in Istanbul scheinen kein Problem damit zu haben, dass ich Russe bin. Manchmal treffe ich Einwanderer aus anderen ehemaligen Sowjetrepubliken – Köche oder Kellner in den Restaurants, in denen ich esse –, und sie scheinen sich darüber zu freuen, mich kennenzulernen und mit mir Russisch zu sprechen. Ich habe in Istanbul noch keine ukrainischen Fahnen gesehen. Der einzige sichtbare Hinweis auf den Krieg sind die vielen Russen auf den Straßen. Sie wirken verängstigt – ich kann die Angst in ihren Augen sehen. Wenn ich Männer auf der Straße entdecke, die so aussehen, dann spiele ich ein kleines Spiel. Ich spekuliere, ob es Russen sind, und wenn ich an ihnen vorübergehe, versuche ich, ihre Gespräche zu belauschen, um es herauszufinden.

Ich habe ein paar Artikel über die türkische Geschichte gelesen, und die Cisterna Basilica, ein riesiges, fast 1500 Jahre altes Wasserreservoir, besucht. Als ich davorstand, fühlte ich mich plötzlich ganz klein. Es waren viele Touristen vor Ort, und ich dachte: „Weder bin ich Tourist noch Bewohner Istanbuls. Ich bin noch nicht einmal ein richtiger Einwanderer." Ich weiß nicht, wer ich bin.

Wenn meine Frau in St. Petersburg Besorgungen macht, bekomme ich in meiner Inbox einen digitalen Beleg. Immer, wenn ich einen dieser Belege sehe, muss ich daran denken, wie ich selbst dort einkaufen war. Jetzt, wo ich weg bin, merkt meine Frau erst, was ich in St. Petersburg alles für unsere Familie getan habe. Dass sie jetzt jeden Tag viel mehr im Haus erledigen muss, ist hart für sie, aber sie ist toll und bekommt alles gut hin. Früher war ich fürs Einkaufen und Kochen zuständig, weckte morgens die Kinder auf, brachte sie zur Schule und abends ins Bett. Ich vermisse meinen simplen und vorhersehbaren Tagesablauf. Ich vermisse Orte und Anblicke, die mir vertraut sind. Bisher habe ich hier solche Orte noch nicht gefunden. Der Platz, an dem ich in Istanbul die meiste Zeit verbringe, ist die Bank vor dem Haus, in dem ich jetzt wohne.

Ich bin wieder in der Ukraine angekommen. Wenn ich in letzter Zeit mit anderen über unsere Zukunftspläne spreche, füge ich immer hinzu: „... wenn wir überleben". Genau so fühle ich mich im Moment. Ich hoffe, die meisten Ukrainer werden überleben.

Vor ein paar Tagen war ich in dem Haus mit dem Holzofen in Lwiw, das wir seit einiger Zeit mieten. Es ist geräumig und warm. Dort gibt es auch einen kleinen Garten mit Bäumen und Weinranken. Als ich einmal mit Kollegen telefonierte, hörte ich plötzlich ein seltsames Geräusch. Erst dachte ich, es wäre eine iranische Kampfdrohne und bekam ziemliche Angst. Dann spähte ich aus dem Fenster und sah einen ukrainischen Kampfjet direkt über unser Haus fliegen. Später erzählte mir mein Mann, dass unser Haus in der Nähe eines Luftwaffenstützpunkts liegt, und dass so etwas andauernd passiere.

Gerade bin ich in meiner alten Wohnung in Kiew, und sie kommt mir vor wie eine Bühnenkulisse. Vor dem Einmarsch verbrachte ich hier viel Zeit mit den Kindern. Jetzt sind sie nicht mehr hier. Die Zimmer fühlen sich an wie ausgestorben. Die Wohnung gleicht einer leeren Kiste. Sie fühlt sich nicht mehr wie mein Zuhause, wie mein Leben an. Vor ein paar Tagen fragte mich mein Mann, der bei mir ist, ob ich schon so weit sei, aus unserer Wohnung auszuziehen, sie für immer aufzugeben. Ich lief ins Kinderzimmer und musste an meinen älteren Sohn denken, wie er hier mit seinem kleinen Bruder spielte, und wie wir zusammen Märchenbücher lasen. Dann brach ich in Tränen aus. Mein Mann sah mich weinen und tröstete mich: Wir müssten noch nicht gleich ausziehen, wir hätten noch Zeit. Die Wohnung wirkt auf mich wie ein Geisterhaus aus der Vergangenheit. Sie existiert nur noch als Ansammlung von Erinnerungen. Das ist schmerzhaft.

Ich erhielt eine Einladung von einem französischen Kulturinstitut, mit dem ich schon früher zusammengearbeitet habe. Das Institut könnte vielleicht als Sponsor für meine Aufenthaltserlaubnis in Frankreich dienen. Wenn das klappt, muss ich mir eine Wohnung suchen und sehen, wie ich meinen Lebensunterhalt bestreiten und mir in Paris ein neues Leben aufbauen kann. Ich malte mir aus, was wäre, wenn die französische Polizei mich an der Grenze befragen würde. In Gedanken fing ich an, auf Französisch mit ihnen zu diskutieren, meine Situation zu schildern, und sie über meine Verbindungen zur französischen Kunstszene in Kenntnis zu setzen. Als ich dann aber letzten Donnerstag von Istanbul nach Paris flog, stellte man mir an der Grenze keine einzige Frage. Am Flughafen kaufte mir ein Franzose sogar ein Straßenbahnticket, weil meine russische Bankkarte im Ausland gesperrt ist und ich nicht genügend Kleingeld dabeihatte.

Paris ist eine wunderschöne Stadt. Ich war vor fünf Jahren mit meiner Frau hier, und ich versuchte, die Orte wiederzufinden, die wir damals gemeinsam besucht haben. Ich verbrachte einige Zeit mit einer Freundin aus St. Petersburg, die hierher ausgewandert ist. Mit ihr spazieren zu gehen und dann zusammen an der Seine zu sitzen, Wein zu trinken und Käse zu essen, hat mir sehr gutgetan. Wir sprachen über frühere Zeiten und auch über unsere derzeitige Lage.

Ich wohne bei einem französischen Freund. Er ist auch Künstler. Heute lernte ich seine Putzfrau kennen. Sie kommt aus Moldawien, und mein Freund sagte mir, dass sie Russisch spricht. Wir sprachen über den Krieg, und sie erzählte mir, dass ihre Schwester in Russland lebt und dort bleiben möchte. Ich fragte sie nicht danach, ob ihre Schwester für oder gegen den Krieg ist. Ich glaube nicht, dass es mir zusteht, sie das zu fragen. Ich möchte ihre Gefühle nicht verletzen. Und schließlich bin ich es ja – nicht sie und ihre Schwester –, der aus dem Land der Täter stammt.

Ich bin in Lwiw. Wir hörten hier mehrere Explosionen, doch wenigstens haben wir Strom und fließend Wasser. Zuvor war ich ein paar Tage in Kiew, was wegen der Stromausfälle nicht einfach war. Unsere Elektrizitätswerke wurden von iranischen Drohnen getroffen, weswegen der Strom in einigen Regionen für bis zu zwölf Stunden zum Energiesparen abgeschaltet wird. Das hat zur Folge, dass in manchen mehrstöckigen Wohnhäusern auch die Wasserversorgung ausfällt. Noch ist es nicht kalt draußen, sodass man nicht heizen muss. Aber bald kommt der Winter, und der wird hart.

In der gesamten Ukraine haben örtliche Behörden Listen herausgegeben, in denen verordnet ist, wann der Strom vor Ort abgestellt wird. Unser Elektrizitätsunternehmen hier in Kiew erklärte mir, unser Wohnhaus habe ein so kompliziertes Leitungsnetz, dass es unmöglich sei, die genauen Zeiten der Stromausfälle vorherzusagen. In der Zeit, in der es Strom geben sollte, hatte ich eigentlich vorgehabt, etwas zu arbeiten und Frühstück zu machen, doch plötzlich wurde der Strom abgestellt, und ich musste die Wohnung verlassen, um mir in einem nahegelegenen Café Frühstück zu besorgen. Eines Abends betrat ich unser Gebäude und bemerkte, dass es keinen Strom gab. Ich war gezwungen, 20 Stockwerke hochzulaufen, nur um dann stundenlang im Dunkeln in meiner Wohnung zu sitzen, bis das Licht endlich wieder anging. Mein Mann und ich machen schon Witze darüber: Wenn man die Leute vom ukrainischen Elektrizitätswerk zum Lachen bringen will, muss man ihnen nur mitteilen, was man heute vorhat. Diese Woche geben wir einen Workshop, bei dem wir Journalisten in der Ukraine vermitteln, wie man Bombenangriffe überlebt und verwundeten Zivilisten hilft. Dies wird bei all den Stromausfällen und den Drohnen keine leichte Aufgabe sein.

Während der ersten Tage in Paris konnte ich nur schlecht einschlafen. Vielleicht liegt es daran, dass ich im Bett immer Nachrichten lese. Wenn ich nicht schlafen kann, stelle ich mir vor, dass meine Familie bei mir ist, und irgendwann schlafe ich dann ein. Ich habe mich mit französischen Verlegern getroffen, um herauszubekommen, ob ich in Zukunft für sie arbeiten kann. Die Lebenshaltungskosten in Frankreich sind höher als in Russland, deshalb weiß ich nicht, ob ich hier weiter als Künstler arbeiten kann. Ich verabredete mich wieder mit meiner russischen Freundin. Diesmal sprachen wir nicht über den Krieg, und die Welt schien in Ordnung. Außerdem habe ich mich mit einigen meiner Künstlerfreunde aus St. Petersburg auf Zoom getroffen. Wir sprachen über unsere Arbeit. Hart zu arbeiten hilft uns dabei, unser derzeitiges Leben in den Griff zu kriegen. Meine Kunst ist für mich eine Art Rettungsanker.

Vor ein paar Tagen besuchte ich eine Feier in einem Kulturzentrum namens „L'atelier des artistes en exile". Das Zentrum unterstützt Künstler aus der ganzen Welt, einschließlich Russen. Die Feier wurde mit dem Konzert eines Rap-Musikers aus der Uralregion eröffnet. Auch eine Ukrainerin, die seit drei Jahren in Frankreich lebt, war da. Wir sprachen miteinander Russisch – aber nicht über den Krieg, nur über alltägliche Dinge.

Vor ein paar Tagen riefen mich meine Kinder an, damit ich ihnen bei den Hausaufgaben helfe – und um zu prüfen, ob ich die Lösungen weiß. Sie erzählten mir von ihren neuen Computerspielen und Comics und teilten mir mit, was sie sich zum Geburtstag wünschen. Ich erklärte ihnen, dass ich noch nicht weiß, ob ich rechtzeitig zu ihren Geburtstagen zurück sein kann. Ich habe ihnen noch immer nicht offenbart, dass wir vorhaben, als Familie auszuwandern. Meine Frau findet es zunehmend schwieriger, über unsere Emigration zu sprechen, solange wir noch keinen richtigen Plan dafür haben. Und mir fällt es schwer, nicht mit ihr darüber reden zu können. Ich muss hier in Paris ohne sie Vorbereitungen treffen, und sobald alles in trockenen Tüchern ist, packt sie die Koffer.

Mein Mann und ich sind wieder in Kiew. Ich habe eine dreitägige Schulung in taktischer Medizin hinter mir und lernte dabei, wie ich an der Front Leben retten kann. Morgen fahre ich nach Irpin und Butscha am Stadtrand von Kiew, um herauszufinden, wie die Menschen dort mit ihren traumatischen Erfahrungen seit dem Einmarsch fertigwerden, und wie sie sich auf den Winter vorbereiten.

Die Temperaturen fallen nachts schon unter den Gefrierpunkt. Die Heizung in unserer Wohnung funktioniert nur, wenn es Strom gibt. Ich trage Wollsachen und Plüschpantoffeln. Wir müssen jetzt im Durchschnitt zwölf Stunden pro Tag ohne Strom auskommen: vier Stunden am Morgen, vier am Nachmittag und vier in der Nacht. Unser Tagesablauf richtet sich nach dem Plan des Elektrizitätswerks. Es bestimmt, wann wir Frühstück machen, wann wir rausgehen müssen, um ein Café zu finden, in dem der Strom angeschaltet ist, sodass wir arbeiten können, und wann wir zurück nach Hause können, weil es wieder Strom gibt. Gestern saßen wir eine Stunde lang im Auto und warteten, bis die Elektrizität in unserem Wohnblock wieder angeschaltet wurde, weil es sonst, wegen des nicht funktionierenden Fahrstuhls, zu anstrengend gewesen wäre, die Treppen bis zu unserer Wohnung im 20. Stock hochzusteigen.

Wenn mich jemand fragt, ob ich nach Kiew „zurückgekehrt" bin, weiß ich nicht, was ich sagen soll, denn ich habe nicht das Gefühl, irgendwohin zurückzukehren. So lebe ich im Augenblick: Ich pendle zwischen zwei Realitäten hin und her, Kopenhagen und Kiew. Ich habe nicht einmal mehr ein Problem damit. Nie lange an einem Ort zu bleiben, kommt mir schon vor wie eine Strategie. Wenigstens habe ich eine Strategie. Leute aus postsowjetischen Ländern sagen immer, das Vorläufige sei das Einzige, was von Dauer sei. Genau das erlebe ich jetzt auch.

Diese Woche bin ich in die *Cité internationale des arts* umgezogen, eine Künstlerresidenz in Paris, die vom Institut français unterstützt wird. Man sagte mir, es gäbe in der *Cité* noch einige andere Russen, die vor der Einberufung geflohen seien und nun Unterstützung erhielten. Bis Ende Dezember habe ich hier ein Atelier und auch ein Stipendium, das mich zwei Monate finanziell über Wasser hält, sodass es mir fürs Erste gut geht. Ich bin nach Arles gefahren, um mich dort mit einem Verleger zu treffen. Er lud mich und meine Familie ein, bei ihm zu wohnen. Mit anderen in einem Haus zu wohnen, wenn man jung und alleinstehend ist, ist schön und gut. Aber wenn zwei Familien sich Küche und Bad teilen müssen, ist es schwer, seine Privatsphäre zu wahren. Von nun an muss ich mich erst einmal daran gewöhnen, alleine zu leben.

Vor zwei Tagen habe ich mich in Paris mit dem Pfizer-Impfstoff gegen das Coronavirus impfen lassen. Zuvor hatte ich nur den russischen Sputnik-V-Impfstoff, aber der wird hier nicht akzeptiert. Die Weltgesundheitsorganisation hat die Evaluation des Vakzins im letzten Frühjahr aufgrund des russischen Einmarschs in die Ukraine auf unbestimmte Zeit verschoben.

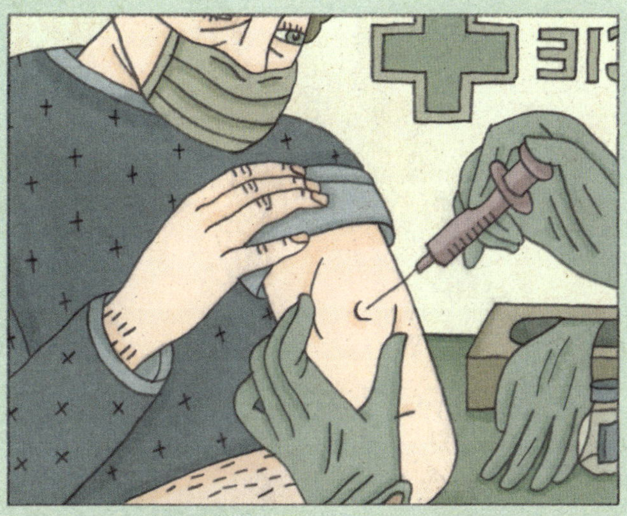

Ich habe viel über das Wort Schuld nachgedacht. Als Russe fühle ich mich schuldig. Gleichzeitig lehne ich Kollektivschuld als Prinzip ab, weil ich glaube, dass Kollektivschuld Menschen davon abhält, sich mit ihrer persönlichen Schuld auseinanderzusetzen. Fühle ich mich persönlich schuldig? Ich weiß es nicht. Ich habe jahrelang hart daran gearbeitet, mein Land zu verändern, indem ich es mit der internationalen Kunstwelt und den Künstlerinnen und Künstlern, die ich nach Russland einlud, in Berührung gebracht habe. Jetzt begreife ich, dass das nicht genug war. Obwohl ich weiß, dass diese Arbeit nicht wirklich etwas verändert hat, hoffe ich doch, dass sie wenigstens ein paar Menschen erreicht hat. Ich glaube nicht, dass ich mehr hätte tun können.

Morgen früh fahre ich nach Cherson, um von dort aus zu berichten. Ich bin so glücklich über die Befreiung Chersons. Die Menschen dort haben fast neun Monate unter der Besatzung gelitten. Jetzt sind sie frei. Aber es fließt noch immer weder Wasser noch Strom, sodass sie es schwer haben. Der Vater einer Freundin von mir, der in Cherson lebt, wurde von den Russen gefangen genommen und mit Elektroschocks gefoltert, weil er sich weigerte, mit ihnen zusammenzuarbeiten. Am Ende warfen sie ihn einfach auf die Straße, und er kehrte erst vor wenigen Wochen nach Hause zurück. Er hat nur knapp überlebt. Meine Freundin konnte ihn endlich wiedersehen, und sie schickte mir ein Foto, auf dem zu sehen ist, wie die beiden gemeinsam die Befreiung von Cherson feiern.

Manchmal kommt es mir vor, als würde ich einen Marathon laufen: Ich habe längst all meine Reserven aufgebraucht, aber wenn ich eine Pause einlege, sagt mir mein Trainer, ich müsse noch weitere 1000 Kilometer laufen, ohne anzuhalten. Ich habe keine Energie mehr, aber ich habe auch nicht die Möglichkeit, den Krieg einfach anzuhalten und mich zu entspannen.

Ich habe meine Kinder seit fast einem Monat nicht mehr gesehen und werde sie auch erst in ein paar Wochen wiedersehen. Ich habe mich bei dem Gedanken ertappt, dass es für mich sogar besser ist, gar nicht bei den Kindern zu sein, denn wenn ich an meinen Reportagen arbeite, bin ich nervös und muss ständig mit schwierigen Situationen fertigwerden. Wenn sie bei mir sind, fühle ich mich noch verletzlicher und ängstlicher. Und ich kann meine Ängste nicht mit ihnen teilen, denn das wäre ihnen gegenüber nicht fair. Mir diese Gefühle einzugestehen, macht mich traurig. Ich glaube, ich bin keine besonders gute Mutter.

Die Sprache ist das Einzige, was mir hier in Paris Probleme bereitet. Die Leute sagen mir zwar, mein Französisch sei gut, aber wenn ich es spreche, muss ich mich konzentrieren, und dabei werde ich müde. In Riga war es einfacher, weil ich dort meistens Russisch sprechen konnte. Ich habe das Musée de l'Orangerie besucht. Es war fantastisch, Gemälde von Matisse, Picasso und Monet zu sehen zu bekommen. Ein russischer Freund riet mir einmal: „Wenn du dich in einer schwierigen Situation wiederfindest, geh' ins Museum." In den vergangenen sechs Monaten habe ich Museen in Riga, Vilnius, Istanbul und nun auch in Paris besucht. Kunst schafft Distanz zur Wirklichkeit – zumindest für eine gewisse Zeit.

Ich konnte noch kein französisches Bankkonto eröffnen. Selbst wenn man eine Aufenthaltsgenehmigung hat, weigern sich Banken hier, Russen ein Konto einzurichten. Ich habe etwas Bargeld aus Russland mitgebracht, von dem ich jetzt lebe, und mit Hilfe meines Handys konnte ich ein Konto auf den Namen einer finnischen Freundin eröffnen. Sobald ich meine Aufenthaltserlaubnis habe, werde ich hoffentlich eine Onlinebank finden, die es mir erlaubt, ein Konto auf meinen eigenen Namen zu eröffnen.

Ich hatte einen bösen Traum: Meine Frau offenbarte mir, sie habe beschlossen, mit den Kindern in Russland zu bleiben, da in Frankreich für uns alles zu ungewiss sei. Zuerst wollte ich ihr nichts von diesem Traum erzählen. Aber als ich es schließlich tat, sagte sie, dass das nicht wahr sei und dass ich keine Angst haben müsse. Letzte Woche hatte sie Geburtstag. Ich bat einen Freund in St. Petersburg darum, in meinem Namen ein Geschenk und Blumen in unserer Wohnung abzugeben. Am Abend war ich bei Freunden in Paris zum Essen eingeladen, und ich brachte einen Kuchen mit, um dort ihren Geburtstag zu feiern. Wir riefen sie an und sangen ihr ein französisches Geburtstagsständchen vor. Das war für mich das Wichtigste, was letzte Woche geschehen ist.

Letzte Woche war ich im befreiten Cherson. Viele meiner Journalistenfreunde stammen aus dieser Stadt, konnten aber nicht dorthin zurückkehren, während sie noch unter russischer Besatzung stand. Sie waren überglücklich, wieder dort zu sein. Was wäre wohl das Erste, was ich tun würde, wenn ich auf die befreite Krim zurückkehren könnte, den Ort, an dem ich so viele Jahre meines Lebens verbracht habe? Würde ich niederknien und den Boden küssen? Das ist eigentlich nicht mein Ding. Aber ich vermisse die Krim so sehr, dass ich wahrscheinlich verrückt vor Glück würde, wenn ich dorthin zurückkehren könnte. Cherson ist trostlos. Es gibt keinen Strom, keine Heizung, kein Wasser und so gut wie keinen Handyempfang. Tausende Bewohner versammeln sich tagtäglich auf dem Hauptplatz, um von Hilfsorganisationen bereitgestellte Lebensmittel und Wasser zu erhalten. Manche teilen ihre Nahrungsmittel mit denen, die nicht Schlange stehen können. Viele Geschäfte sind wegen der ständigen Stromausfälle geschlossen. Die Produktion von Lebensmitteln ist zurückgegangen, weil es keine Elektrizität gibt. Und dennoch feiern die Menschen weiter die Befreiung. Das zu sehen, ist beeindruckend.

Die Menschen dort erzählten mir, wie sie sich vor den russischen Soldaten in ihren Häusern versteckten, und einige auch, wie sie von den Russen verhört wurden. Viele wurden gefoltert. Eine Frau berichtete, dass ihr Mann getötet wurde, als sie eines Abends mit ihrem kleinen Sohn mit dem Auto heimfuhren, gerade einmal zehn Minuten nach Beginn der Ausgangssperre. Ein Scharfschütze schoss ihm in den Kopf. Der Onkel ihrer Freundin wurde ebenfalls von einem Scharfschützen getötet, als er eines Morgens kurz vor Ende der Ausgangssperre zur Arbeit lief. Wie können Menschen nur so etwas tun?

Ich war hier in Paris im Museum La MEP, in einer Ausstellung des ukrainischen Fotografen Boris Mikhailov. Dort waren viele Fotos aus der Sowjetzeit ausgestellt. Die Serie über seine Heimatstadt Charkiw erinnerte mich stark an russische Städte, die ich aus meiner Kindheit kenne. Als ich die mit roten Fahnen marschierenden Menschen auf den Bildern sah, musste ich an die Paraden denken, an denen ich als Kind teilgenommen habe. Ich erinnerte mich daran, wie glücklich ich in diesen Augenblicken war, und plötzlich wurde ich ganz nostalgisch. Die Ausstellung enthielt auch Bilder aus der Zeit kurz nach dem Zusammenbruch der Sowjetunion. Diese waren schwieriger anzusehen, weil sie mich daran erinnerten, wie meine Heimatstadt damals aussah: verdreckte Straßen voller Betrunkener, die Häuserwände mit Parolen beschmiert.

Als ich diese Fotos betrachtete, dachte ich darüber nach, dass Ukrainer und Russen eines gemeinsam haben: die traumatischen Erfahrungen der postsowjetischen Ära. Russland ist es bisher nicht gelungen, dieses Trauma zu bewältigen. Als zu Kriegsbeginn die Sanktionen verhängt wurden, sagten sich viele Russen, dass sie diese genauso überstehen würden wie damals die schwierige wirtschaftliche Lage der postsowjetischen Ära. Anscheinend sind Russen nicht imstande, diese Zeit hinter sich zu lassen, und übertragen diese Erfahrung einfach auf die heutige Situation. Die Ukraine dagegen scheint es geschafft zu haben, nach vorn zu blicken. Bei meinen vergangenen Besuchen in der Ukraine empfand ich die Menschen dort als aufgeschlossener, und ich fühlte mich dort freier. Während der Sowjetzeit arbeitete meine Mutter mit vielen Ukrainern zusammen. Sie erzählte mir, dass es sie damals sehr gerührt habe, wie ukrainische Männer über ihre Frauen sprachen und sie in den höchsten Tönen lobten. Sie behauptete, russische Männer sprächen nie so lobend über ihre Frauen.

Herbst-Winter

Aus Cherson bin ich in ein dunkles und kaltes Kiew zurückgekehrt. Es wurde mir zu anstrengend, während der Stromsperren ohne Aufzug in meine Wohnung im 20. Stock zu kommen, also übernachtete ich bei meinen Schwiegereltern, die in einem anderen Gebäude im ersten Stock wohnen. Sie haben ein anderes Stromsystem und deshalb sogar während der Stromausfälle Heizung und Warmwasser, was mir unwirklich vorkommt. Ich aß ein warmes Abendessen (im Gegensatz zu den gefriergetrockneten Essensrationen, die es die ganze Woche über in Cherson gab), und nahm ein heißes Bad – das Maß aller Dinge!

Ich habe Ukrainer interviewt, die während der russischen Besatzung in Cherson gefoltert wurden. Dabei fiel mir auf, dass die Leute normalerweise gar nicht weinen, wenn sie mir von den schrecklichen Dingen erzählen, die sie erlebt haben. Aber wenn sie darüber sprechen, wie sich diese Erfahrungen emotional auf ihre Familienangehörigen ausgewirkt haben, fangen sie plötzlich an zu schluchzen. Der Schmerz ihrer Angehörigen scheint für sie schwerer erträglich als ihr eigener. Vielleicht gibt es auch einen historischen Grund dafür: In der Sowjetzeit hielt man die Menschen dazu an, ihre wahren Gefühle nicht zu zeigen und stets rational und kühl zu wirken. Aber vielleicht ist es auch nur eine persönliche Bewältigungsstrategie.

Von Kiew aus fuhr ich nach Lwiw. Kurz darauf begann Russland wieder mit der Bombardierung von Elektrizitätswerken, und ich saß plötzlich in unserem Haus am Stadtrand ohne Strom, Heizung und Handyempfang fest. Einmal musste ich in die Stadt, konnte mir aber kein Taxi rufen, weil meine Internetverbindung nicht funktionierte. Also blieb mir nur noch die Möglichkeit, meinen Mann in Dänemark anzurufen, damit er mir von dort aus ein Taxi bestellt. Es klingt wie ein Witz – aber dies ist die neue Realität, die Russland uns aufzwingt. Heute ist mein Mann aus Kopenhagen wieder in Richtung Ukraine abgereist. Die Kinder wollten ihn nicht gehen lassen. Das ist so traurig.

Gestern war in Russland Muttertag. Ich rief meine Mutter an, und wir sprachen über das Wetter. Normalerweise reden wir nicht über meine Auswanderung und den Krieg, weil es sie traurig macht. Aber gestern sagte sie, Russland zu verlassen, wäre eine gute Idee gewesen. Kürzlich ist mein Bruder nach Belgrad ausgewandert. Nicht zu wissen, wann sie ihre beiden Söhne wiedersieht, ist schwer für sie. „Wenn der Krieg noch sehr viel länger andauert", sagte sie, „dann werden in Russland noch alle verrückt. Viele werden diesen Albtraum nicht überleben." Trotzdem glaube ich nicht, dass sie mit uns weggehen würde. Früher hat sie ab und zu mit dem Gedanken gespielt, in ein anderes Land zu ziehen. Heute bereut sie, dass sie es nie getan hat. Jetzt ist es zu spät. Sie lebt allein und hat nicht mehr die Kraft dazu. Sie hat sich von meinem Vater scheiden lassen, als ich acht war. Mein Vater schwärmt für Putin. Wir stehen uns schon lange nicht mehr nahe.

Meine Mutter erzählte mir von den Plakaten, die neuerdings im Eingang ihres Hauses hängen: Schaubilder, die den Bewohnern erklären, was sie im Falle eines Bombenangriffs tun und wo sie hingehen sollen. In Russland gilt jetzt die Warnstufe der „erhöhten Alarmbereitschaft". Ich versuche nicht über die Möglichkeit eines Bombenangriffs nachzudenken. Bisher sagte die Regionalregierung meiner Heimatstadt den Bewohnern immer, es gäbe gar keine Schutzräume, da wegen der industriellen Infrastruktur der Stadt ohnehin alles zerstört werden würde. Jetzt verteilen sie diese Plakate mit den Adressen der nächstgelegenen Schutzräume – was nach Auffassung meiner Mutter ein Widerspruch und ein weiterer Beweis dafür ist, dass sie lügen. Sie hat mir ein Foto eines dieser Plakate geschickt. Wäre es in der Sowjetzeit entworfen worden, würde dieses Poster viel besser aussehen!

Zurück in Kopenhagen wache ich in meiner Wohnung auf, in der es alles gibt, was ein Mensch braucht: Licht, Wärme und sauberes Wasser. Wie wunderbar es doch ist, Zugang zu diesen wichtigen menschlichen Erfindungen zu haben, nachdem ich bei meiner Berichterstattung aus der Ukraine wochenlang ohne sie auskommen musste! Aber wie traurig auch, wenn man bedenkt, dass Millionen von Ukrainerinnen und Ukrainern über diese grundlegenden Dinge momentan nicht verfügen. Viele hausen in eiskalten Wohnungen, ohne richtig kochen zu können, und leben zugleich in ständiger Angst vor russischen Bomben. Langsam wird mir klar, welch großen Einfluss das Wetter auf uns Menschen hat.

In der Ukraine reden jetzt alle über das Wetter. Männer zwischen 18 und 60 Jahren dürfen das Land immer noch nicht verlassen, und einige haben einfach nicht genug Geld, um fortzugehen. Was wird mit ihnen in den kalten Wintermonaten geschehen? Gewiss könnte man argumentieren, dass, solange der Krieg andauert, die Förderung von Reparaturprogrammen reine Geldverschwendung sei, da Russland alles gleich wieder zerstören könnte. Doch Reparaturen sind lebenswichtig. Im Winter kann man in einem Haus ohne Dach nicht wohnen. Vor ein paar Monaten war ich in Butscha, um den dortigen Bürgermeister zu interviewen. Er erzählte mir, alle westlichen Politiker, die gekommen seien, um ihre Solidarität zu bekunden, hätten gesagt, sie würden den Wiederaufbau erst finanziell unterstützen, wenn der Krieg vorbei wäre. Der Großteil des Geldes für den Wiederaufbau kommt von der ukrainischen Regierung und den örtlichen Gemeinden. Und diese Mittel sind dürftig.

Vor ein paar Tagen hatte mein Mann Geburtstag. Mit ihm an meiner Seite ist es so viel leichter, diesen Krieg zu durchleben.

Letzte Woche war ich in Paris bei einem Konzert. In der Schlange vor den Toiletten erzählte ich der Französin, die neben mir stand, dass ich die Band schon einmal gesehen hätte, und sie wollte wissen, wo. Als ich antwortete, in St. Petersburg, sagte sie: „Du bist also Russe?“ – „Ja“, antwortete ich, worauf sie erwiderte: „Tut mir leid.“ Sie meinte das gar nicht ironisch. Sie klang einfühlsam. Die Frage, wo ich herkomme, zu beantworten, fällt mir im Moment sehr schwer. Aber ein klein wenig fühlte ich mich von ihr auch unterstützt.

Im Einkaufszentrum Les Halles sah ich mir die Performance einer ukrainischen Künstlergruppe an, die von meiner russischen Freundin, die nach Paris ausgewandert ist, produziert wurde. Unter dem Publikum wurden Kopfhörer verteilt, und wir wurden gefragt, ob wir die Performance in ukrainischer oder französischer Sprache hören wollten. Ich entschied mich für Ukrainisch – ich verstand zwar nur die Hälfte, aber durch das Zuhören auf Ukrainisch fühlte ich mich dem Land auf eine Art verbunden. Das Stück begann mit dem Schrillen eines Luftalarms, woraufhin die Zuhörer aufgefordert wurden, ins Untergeschoss des Einkaufszentrums zu laufen, gerade so, als müssten sie sich in einen Luftschutzkeller flüchten – sofort war ich in die Wirklichkeit des Krieges eingetaucht. Anschließend lauschte man per Kopfhörer einer Reihe von Geschichten, die auf den Alltagserfahrungen von Menschen aus der Ukraine beruhten. Einer nach dem anderen teilten die Menschen einem mit, wie sie den Krieg wahrnahmen. Anfangs verspürte ich den Drang, die Kopfhörer abzusetzen – diese Geschichten zu hören, fiel mir schwer. Hin und wieder kamen mir die Tränen. Aber ich zwang mich, weiter zuzuhören. Auch war es mir unangenehm, all die anderen Leute im Einkaufszentrum zu sehen, die, so wie ich, auf Ukrainisch zuhörten. Ich traute mich nicht, ihnen in die Augen zu schauen.

Seit über einer Woche leide ich jetzt schon unter einer Grippe, was mich sehr erschöpft. Psychisch geht es mir aber gut. Weil ich alles habe, was ich fürs tägliche Leben brauche, fühle ich mich viel besser als in der Ukraine, wo es mir zwei Monate lang selbst am Nötigsten mangelte. Ich habe vor, bis Ende des Jahres in Kopenhagen bei den Kindern zu bleiben. Ich habe angefangen, Dänisch zu lernen, vor allem, damit ich meinen Söhnen helfen kann, die es ja auch lernen müssen, aber auch, weil ich glaube, dass wir uns hier dann besser integrieren können. Das Dänisch meines älteren Sohnes ist noch nicht sehr gut, aber er lernt schnell. Letzte Woche kam er nach Hause und sang ein dänisches Lied, das sie in der Schule gelernt hatten. Mir scheint, als würden die Leute in Dänemark viel singen. Für mich ist das seltsam, weil Ukrainer normalerweise nicht gemeinsam singen, außer zu bestimmten Anlässen, wenn die Nationalhymne gespielt wird.

Ich war auf einer Weihnachtsfeier bei einer dänischen Freundin eingeladen, und die Gäste sangen den ganzen Abend über! Ich kann nur ein dänisches Lied. Vor Kurzem habe ich einen DNA-Ahnentest gemacht und herausgefunden, dass ich zu einem kleinen Teil von Inuit abstamme! Nun, da ich weiß, dass das meine genetische Herkunft ist, will ich unbedingt mehr über die dänische Kultur erfahren.

Ich habe herausgefunden, dass mein Twitter-Account mit einem „Ghostban“ blockiert wurde. Das bedeutet, dass viele meiner Follower meine Posts nicht mehr abrufen können. Twitter stellt auch die Newsletter-Plattform ein, die ich bisher benutzt habe, sodass meine Berichte von der Front bald nicht mehr online erscheinen werden. Somit werde ich auch die monatliche Abonnementgebühr verlieren, mit der ich bisher meine Journalistenkollegen unterstützt habe. Anderen ukrainischen Journalisten passiert im Moment dasselbe. Elon Musk ist ein Opportunist, der seinen Einfluss benutzt, um mehr Macht zu erlangen. Es ist widerlich.

Ich habe meine zweite COVID-Impfung bekommen und bin krank. Paris sieht prachtvoll aus mit seinem Weihnachts- und Neujahrsschmuck. Auf den Straßen tummeln sich unzählige Menschen, die lächeln und alles fotografieren. Ich habe versucht, in Weihnachtsstimmung zu kommen, aber irgendwie klappt es nicht. Ich warte immer noch auf meine Aufenthaltserlaubnis. Inzwischen ist mein Visum abgelaufen, also halte ich mich offiziell jetzt illegal in Frankreich auf. Ich hatte überlegt, über Silvester nach Russland zu reisen. Aber wenn ich jetzt das Land verlasse, wird man mir womöglich für Jahre die Einreise verweigern, weil ich meine Visumsfrist überschritten habe.

An Silvester kochen wir in meiner Familie normalerweise ein aufwendiges Essen. Wir schauen Filme, und nach Mitternacht unternehmen wir einen Spaziergang durch das Viertel. Jeder bekommt ein Geschenk. Die Kinder dürfen ihre aber erst am nächsten Morgen öffnen. Wenn sie es schon am Silvesterabend dürften, würden sie die ganze Nacht damit spielen. Dieses Jahr habe ich meine Geschenke mit der Post geschickt: Lego-Sets und Nintendo-Spiele für die Kinder und einen warmen Schlafanzug für meine Frau.

Gestern habe ich mit den Kindern gesprochen und ihnen gesagt, dass ich über Neujahr nicht nach Hause komme. Sie haben mich gefragt, ob ich denn zum Geburtstag meines jüngeren Kindes am 1. Februar kommen würde, aber ich sagte ihnen, dass ich es noch nicht versprechen könne. Dann erklärte ich ihnen zum ersten Mal, wieso ich Russland wirklich verlassen habe. Sie stimmten mir zu, dass fortgehen besser ist, als in den Krieg zu ziehen, und erzählten mir dann schnell etwas über ihr neues Computerspiel. Früher berichteten sie mir auf unseren gemeinsamen Spaziergängen immer von ihren Spielen. Ich vermisse diese Spaziergänge so sehr. Mein jüngeres Kind wollte wissen, ob wir uns im Sommer in Riga treffen könnten. Die Enttäuschung auf seinem Gesicht, als ich erklärte, dass wir uns vorher wahrscheinlich nicht mehr sehen würden, war für mich nur schwer zu ertragen. Tatsächlich weine ich, während ich dies schreibe. Seit Beginn des Krieges ist es erst das zweite oder dritte Mal, dass ich geweint habe.

Ich habe immer noch die Grippe, und es macht mich wahnsinnig. Seit ich die Ukraine vor zwei Wochen verlassen habe, bin ich krank. Ich frage mich, ob dies die Reaktion meines Körpers darauf ist, dass ich mich jetzt, wo ich in Kopenhagen bin, besser entspannen kann.

Letzte Woche hatte ich Geburtstag. Wenn ich über das vergangene Jahr nachdenke, dann wird mir bewusst, wie viel Glück ich habe: Ich bin am Leben; ich mache die Arbeit, die ich liebe; ich bin von wunderbaren Menschen umgeben, die mich unterstützen; ich habe die beste Familie, den besten Partner, den ich mir wünschen könnte; trotz der beängstigenden Lage, in der ich mich befinde, habe ich alles, was ich brauche. Eine ukrainische Freundin ist extra aus Berlin angereist, um mit mir zu feiern, und das war genau das, was ich brauchte. Vor dem Krieg habe ich meinen Geburtstag immer mit Dutzenden von Menschen an schönen Orten in Kiew gefeiert. Dank Russland geht das jetzt nicht mehr. Stattdessen bin ich mit meiner Freundin den ganzen Tag durch Kopenhagen geschlendert, habe mit ihr Museen besucht und über unser Leben, unsere Probleme und Hoffnungen geredet.

Russland bringt nicht nur Vernichtung – es beeinträchtigt auch unsere Freundschaften. Seit ihrer Annexion im Jahr 2014 habe ich viele Freunde auf der Halbinsel Krim, wo ich seit ich 13 bin gewohnt habe, verloren. Seitdem bin ich nicht mehr auf die Krim zurückgekehrt, weil Russland mich wegen meiner journalistischen Arbeit auf eine schwarze Liste gesetzt hat. Nur wenige Freunde von dort haben zu mir Kontakt gehalten. Es ist schwer, so weit von ihnen entfernt zu sein. Mit den Freunden aus meiner Kindheit in Russland, wo ich aufgewachsen bin, habe ich seit Jahren nicht mehr gesprochen. Die meisten von ihnen stehen auf Putins Seite. Manche haben mich sogar eine Verräterin genannt, weil ich die Ukraine unterstütze. Ich habe nicht die Kraft, sie vom Gegenteil zu überzeugen.

Dieses Jahr feiere ich Weihnachten mit meinen Kindern und meiner Mutter. Mein Mann ist in der Ukraine. Es ist traurig, dass wir die Feiertage nicht gemeinsam verbringen können.

Heute beginnt meine letzte Woche in der Künstlerresidenz in Paris. Ich muss mein Leben in den Griff bekommen und eine eigene Wohnung finden. Ich hatte ein schwieriges Gespräch mit meiner Frau. Sie hatte den Eindruck, ich hätte mich gefühlsmäßig bereits auf mein neues Leben eingestellt. Zum ersten Mal erzählte ich ihr von all meinen Zweifeln und Ängsten: Ich habe kein gesellschaftliches Ansehen in Frankreich; ich habe keine Wohnung, in der ich mit meiner Familie leben könnte; ich bin einsam, obwohl ich hier viele Menschen kennengelernt habe. Bisher hatte ich mich gescheut, ihr all das zu sagen, weil sie auch so schon viele Sorgen hat. Es fällt ihr schwer, meine Situation zu verstehen. Normalerweise versuche ich, positiv zu wirken, wenn wir miteinander telefonieren.

Wie könnte eine Versöhnung zwischen der Ukraine und Russland nach dem Krieg aussehen? Russland dürfte sich gegenüber der Ukraine nicht mehr feindselig verhalten, müsste seine Truppen aus allen ukrainischen Gebieten zurückziehen und finanziell Verantwortung übernehmen: Reparationen, Reparationen und nochmals Reparationen. Damit sich Russland ändern kann, müsste es geläutert werden. Wir müssten die gesamte Regierung austauschen. Putin dürfte bei alldem nichts zu sagen haben. Und Russland sollte sich entschuldigen. Aber statt mit Worten müssten wir uns mit Taten entschuldigen und uns finanziell am Wiederaufbau der Ukraine beteiligen – doch ohne uns in die inneren Angelegenheiten des Landes einzumischen. Was den gesellschaftlichen Wandel in Russland betrifft, würde dieser sicher 10 Jahre oder länger dauern. Es wird den Menschen schwerfallen, einzusehen, dass sie mit ihrer Unterstützung für Putin in Wahrheit ein nazistisches Regime unterstützt haben.

Wegen seiner Arbeit als Journalist erhielt mein Mann eine Sondergenehmigung zur Ausreise aus der Ukraine und konnte Weihnachten mit uns in Kopenhagen verbringen! Wir feierten mit meiner Mutter und unserer dänischen Freundin, und es war fantastisch: Es gab ein traditionelles dänisches Weihnachtsessen, Wein, und alle haben einander etwas geschenkt. Ich hätte nie gedacht, dass diese Weihnachtsfeiertage trotz aller Schwierigkeiten so besonders sein würden. Und ich spüre, dass der Krieg mich verändert hat: Ich habe meine Familie auf eine Weise schätzen gelernt, wie ich es zuvor noch nie getan habe. Es fällt mir leichter, ihre Marotten zu akzeptieren. Der Krieg hat mich außerdem gelehrt, dass ganz einfache Taten Leben retten können, und dass es wichtig ist, zu teilen und sich mit anderen auszutauschen, denn als Menschen sind wir in Krisenzeiten auf das Wissen und die Unterstützung anderer angewiesen.

Meine Mutter, die Archäologin und Wissenschaftlerin ist, findet in Dänemark keine Stelle, weil sie einen russischen Pass hat. Sie hat viele Jahre als Russin auf der Krim gelebt und 2014 einen ukrainischen Pass beantragt, aufgrund der Annexion der Krim aber keinen bekommen. Und wegen des jetzigen Krieges bekommt sie momentan auch keinen ukrainischen Pass. Dänische Universitäten wollen sie nicht einstellen, also plant sie, auf die Krim zurückzukehren. Der Mann meiner Mutter, der dort als Ukrainer aufgewachsen ist, lebt immer noch auf der Krim und will nicht fort von dort. Meine Mutter hat sich damit abgefunden, dass dies jetzt ihre einzige Option ist, aber es macht sie sehr traurig. Und ich mache mir Sorgen, dass ihre Rückkehr aufgrund des Beschusses für sie gefährlich werden könnte, aber auch, weil sie viele Visa der Europäischen Union in ihrem Pass hat und offen pro-ukrainisch eingestellt ist. Ich will gar nicht erst daran denken, was mit ihr geschehen könnte.

Gemeinsam mit Künstlern aus verschiedenen Ländern – sogar aus Australien und Korea – habe ich Weihnachten in meiner Künstlerresidenz in Paris gefeiert. Es gab Makkaroni mit Käse und Glühwein. Ich schlug vor, dass wir uns russische Musik anhören, also spielten wir Monetochka, eine bekannte russische Sängerin, die vor Kurzem nach Litauen emigriert ist und bei ihren Auftritten in letzter Zeit Spenden für die Ukraine gesammelt hat. Mit einer Gruppe lettischer und armenischer Künstler sprach ich auf der Feier Russisch. Was ich aus Russland mit am meisten vermisse, ist die Sprache. Aber Russisch bedeutet für mich mehr als nur mein Land: Es steht auch für das Gefühl, andere problemlos zu verstehen und verstanden zu werden.

Später am Abend besuchte ich eine Party für russische Emigranten. Die meisten von ihnen hatte ich vorher noch nie getroffen, also war ich ein wenig verunsichert. Am Ende des Abends wurde eine Frau sehr emotional – sie war etwas angetrunken. Sie sagte, sie fühle sich wie gelähmt und wünsche sich Putins Tod so sehr. Ich glaube, dass man sich als Russe in Paris offen gegen den Krieg aussprechen kann, solange man es in einem privaten Umfeld tut.

Auf dem Heimweg wurde ich auf der Straße überfallen. Ein Mann fragte mich nach einer Zigarette, und zwei weitere kamen von hinten auf mich zu. Sie stießen mich zu Boden und prügelten auf mich ein. Sie sprachen Französisch mit mir, und anfangs antwortete ich auch auf Französisch. Doch dann fing ich an, auf Russisch obszöne Flüche zu brüllen und um Hilfe zu schreien. Ich dachte, wenn ich eine fremde Sprache spreche, würde sie das vielleicht erschrecken. Ich zog 30 Euro aus der Tasche und gab sie ihnen. Jetzt habe ich ein blaues Auge. Bis zu diesem Angriff verband ich Paris nur mit psychischen Verletzungen: Ich lebe in einem fremden Land ohne gesellschaftlichen Status. Jetzt habe ich dazu auch noch körperliche Verletzungen – ha ha!

An Silvester unternahm ich mit meinem Mann und unseren Söhnen einen Spaziergang um einen wunderschönen See in der Nähe unserer Kopenhagener Wohnung. Dort gab es viele Enten, Möwen und einen weißen Schwan. Wir fütterten sie mit Keksen, und der Schwan fraß meinen Söhnen direkt aus der Hand. Wir sahen keinen anderen Schwan, was merkwürdig war, da Schwanenpaare oft ein Leben lang zusammenbleiben. Mir fiel auf, dass der Schwan sehr langsam lief und hinkte. Ich fragte mich, ob seinem Partner etwas zugestoßen war, und ich hatte Mitleid mit ihm. Selbst für einen Schwan, der an einem so wunderschönen und friedlichen Ort wie diesem lebt, gibt es kein absolutes Glück.

Als ich wieder in der Wohnung war, versuchte ich, aus allem, was im letzten Jahr geschehen war, irgendwie schlau zu werden. Dazu schaute ich mir Fotos auf dem Handy an. Da waren so viele Bilder von Vögeln – Tauben, Enten und Möwen –, die ich letztes Jahr vor der Invasion täglich am Kanal gegenüber meiner Kiewer Wohnung aufgenommen habe. Mir scheint, dass meine Angewohnheit, Vögel zu beobachten und zu füttern, das Einzige ist, was in meinem Leben seit Beginn des Krieges gleich geblieben ist.

Mein Mann hatte beschlossen, unserem 7-jährigen Sohn die Neujahrsrede von Präsident Selenskyj zu zeigen. Als Selenskyj von den vielen Opfern des Krieges sprach, waren plötzlich Bilder von Bombenangriffen, Verletzten und Blut zu sehen. Mein Sohn fing an zu weinen. Wir erklärten ihm, dass das, was er auf dem Bildschirm sah, nicht im Moment geschah, und dass er sich keine Sorgen machen brauche. Daraufhin sagte er, niemand sollte jemals solche Bilder sehen müssen. Ich stimme ihm zu. Mir scheint, dass derjenige, der das Video zusammengestellt hat, nicht bedacht hat, dass auch Kinder oder andere traumatisierte Ukrainer diese Bilder sehen würden. Ich brauche im Jahr 2023 wirklich etwas Ruhe – aber ich weiß nicht, wie das möglich sein wird.

An Silvester war ich mit ein paar Freunden aus St. Petersburg bei einem französischen Freund in Rennes. Wir brachten einen traditionellen russischen Salat mit Mayonnaise mit, und er kam prima an! Als die Leute auf der Party anfingen zu tanzen, konnte ich mich nicht dazu durchringen, mitzumachen. Ich musste den ganzen Abend an meine Familie denken. Weil wir nicht gläubig sind, bedeutet uns Weihnachten nicht sehr viel; Silvester dagegen ist uns wichtiger, und dies war das erste Mal, dass wir es nicht gemeinsam als Familie gefeiert haben. Einige der Partygäste waren mit ihren Kindern da. Ich konnte sie kaum anschauen, denn dabei musste ich an meine eigenen Kinder denken und daran, wie traurig sie waren, dass wir nicht zusammen feiern konnten. Als in St. Petersburg Mitternacht war, rief ich meine Familie an, und wir wünschten einander ein frohes neues Jahr.

Viele Russen wünschen sich nur eins für das neue Jahr: Wladimir Putins Tod. Viele meiner Freunde haben dies auf ihren Social-Media-Kanälen angedeutet, jedoch ohne ihn direkt beim Namen zu nennen. Auch wenn es sich nicht gut anfühlt, jemandem den Tod zu wünschen, denke auch ich darüber nach. Mein größter Traum aber ist, meine Familie wiederzusehen. Ich warte immer noch auf meine Aufenthaltserlaubnis, also sitze ich bis auf Weiteres in Frankreich fest. Ich habe das Gefühl, nichts unter Kontrolle zu haben. Ich habe mich für ein Kunstprojekt beworben, das für diesen Herbst in Arles geplant ist. Wenn es klappt, werde ich versuchen, in Arles eine Wohnung für meine Familie zu finden. Vor ein paar Wochen fragte meine Frau die Kinder, ob sie sich vorstellen könnten, zu mir nach Frankreich zu kommen. Sie sagten ja, aber nur für einen Urlaub, denn am liebsten wollen sie in unserer Wohnung in St. Petersburg leben.

Seit ich 16 bin, arbeite ich schon als Journalistin. Dieser Beruf hat mir mehr Falten und gesundheitliche Probleme beschert, als ich erwartet hätte, doch durch ihn verstehe ich viel besser, was in der Welt vor sich geht. Ich sage oft, dass ich „zu viel weiß" – Reporter sehen schlimmere Dinge als die meisten anderen Menschen. Das hat Folgen für mein Leben. Aber als Journalistin ist es meine Pflicht, die Beweise zu sammeln, die die Welt braucht, um zu verstehen, warum Diktatoren gestürzt werden müssen.

Manchmal will ich die Wahrheit so sehr ans Licht bringen, dass ich dabei in gefährliche Situationen gerate. Im Jahr 2014 interviewte ich Igor Besler, den prorussischen Rebellenführer, der damals im besetzten Donbass das Sagen hatte. Sein Spitzname war *Bes*, was „Teufel" bedeutet. Ich fuhr zu seinem Stützpunkt und wusste, dass er ukrainische Aktivisten im Keller gefangen hielt. Er sagte mir, ich solle mein Handy vor dem Besprechungszimmer abgeben, aber ich schmuggelte heimlich ein zweites hinein. Er erlaubte mir, in den Keller zu gehen, wo ich mit einigen seiner Gefangenen sprechen durfte. Während meines Besuchs sagte Bes zu mir: „Sei vorsichtig, denn sonst könntest du sterben." (Später fand ich heraus, dass er eine andere Reporterin gefoltert hatte, weil sie etwas gesagt hatte, das ihm nicht gefiel.) Nicht lange nach diesem Gespräch schafften meine Kollegen und ich es, gemeinsam mit anderen die Freilassung der Gefangenen zu veranlassen. Weil ich jetzt Mutter bin, mache ich mir als Journalistin heute viel mehr Gedanken über meine Sicherheit als früher. Mutter zu sein, hat mich klüger gemacht.

Ich wünschte, ich könnte immer noch aus den besetzten Gebieten berichten, aber das geht nicht, weil ich als ukrainische Journalistin nicht dorthin reisen darf. Ich komme mir nicht mehr so nützlich vor wie damals im Jahr 2014, als ich noch einen russischen Pass hatte.

Am Jahresanfang unternahm ich mit meinen Freunden kleine Ausflüge an die nordfranzösische Küste. In Saint-Malo besuchten wir einen kleinen Strand. Als wir am Meer saßen, sahen wir die Flut kommen. Eine Stunde später bedeckte das Wasser den gesamten Strand. Mir kam der Gedanke, dass in Russland gerade dasselbe geschieht: Mein Land wird weggespült, von einer gewaltigen Flut gesäubert. Nach der Flut wird die Ebbe zurückkehren.

Obwohl ich nicht in Russland bin, habe ich Angst, mich öffentlich gegen den Krieg auszusprechen. Ich befürchte, dass meine Familie in Russland dadurch in Schwierigkeiten geraten könnte. Neulich war ich in Paris auf einer Kinderbuchmesse. Bei einer Preisverleihung wurde ich gebeten, gemeinsam mit anderen auf die Bühne zu gehen und über meine Arbeit zu sprechen. Ich lehnte ab, weil ich Angst hatte, auf dieser Bühne öffentlich zum Krieg Stellung beziehen zu müssen.

Kürzlich habe ich mich gefragt, ob ich wegen meiner Arbeit Probleme bekommen könnte, weil sie sich auch mit LGBT-Themen befasst. Letztes Jahr wurde in Russland ein Gesetz verabschiedet, das sogenannte „LGBT-Propaganda" verbietet. Ich weiß nicht, ob auch meine Arbeit darunterfällt, denn es gibt keine exakten Vorgaben für dieses Gesetz, und niemand weiß genau, was es bedeutet.

Früher habe ich oft mit einer befreundeten russischen Künstlerin zusammengearbeitet, die ein Buch über die Erfahrungen ihrer Familie im Widerstand gegen das Sowjetregime geschrieben hat. Einige ihrer russischen Freunde sind als Soldaten bei der Besetzung des Donbass vor 8 Jahren gestorben. Sie hat die Besetzung gutgeheißen, und sie befürwortet auch den derzeitigen Krieg. Neulich schrieb ich ihr, dass ich nicht mehr mit ihr zusammenarbeiten könne, und erhielt nur diese kurze Antwort: „Ich bin froh, dass wir über alles gesprochen haben, und dass nichts ungesagt geblieben ist."

Letzte Woche hat mich die Nachricht vom Tod des Mannes einer Freundin tief erschüttert. Er war Videofilmer und Cutter. Nach dem russischen Einmarsch beschloss er, der ukrainischen Armee beizutreten. Letzten Dezember wurde er im Donbass erschossen. Als seine Frau in den sozialen Medien von seinem Tod berichtete, konnte ich es erst nicht glauben. „Nicht er!", dachte ich. „Nicht diese Familie!" Er war ein so liebenswürdiger, kreativer und wunderbarer Mensch. Er hatte eine 9-jährige Tochter. Er, seine Frau und die Tochter passten als Familie so gut zusammen. In den ersten Nächten nach seinem Tod konnte ich nicht schlafen, und mir war übel. In Gedanken projizierte ich seinen Tod auf meine eigene Familie. Stellte mir vor, wie ich mich fühlen würde, wenn dies mein Mann und ich diejenige gewesen wäre, die im Leichenschauhaus über seinem leblosen Körper geweint hätte. Es war so schmerzhaft, Fotos von meiner Freundin bei der Beerdigung zu sehen. Danach wollte ich meinen Mann, der bei uns in Kopenhagen war, nicht mehr in die Ukraine zurückkehren lassen. Mir wurde schlecht, als er mir sagte, dass er sich eine Rückfahrkarte gekauft habe. Aber das Leben ist nun mal, wie es ist – und Krieg ist Krieg. Es gibt Dinge, an die man sich schlicht und einfach gewöhnen muss.

Als er wieder in der Ukraine war, hat mein Mann unsere Kiewer Wohnung ausgeräumt. Für uns ist sie nutzlos geworden – während der Stromsperren ist sie ohne Fahrstuhl für uns unerreichbar, und darüber hinaus ist sie Raketen, die sie in Sekundenschnelle zerstören könnten, schutzlos ausgeliefert. Ich bin froh, dass ich beim Packen nicht dabei war. Wahrscheinlich hätte ich nur in den leeren Zimmern, die mir früher so vertraut waren, gesessen und geweint. Mein Mann sagte, dass all unsere Sachen – unsere Betten und Regale, Bücher, die Kaffeemaschine, die Kunstwerke, die früher an den Wänden hingen – in einen 7-Kubikmeter-Transporter gepasst hätten. Jetzt weiß ich, dass unser Leben 7 Kubikmeter misst.

Ich mache mir Sorgen um mein jüngeres Kind, das eine schlimme Grippe hat. Meine Frau ist sehr erschöpft. Sie sagte, dass viele Apotheken wegen der Sanktionen keine fiebersenkenden Medikamente mehr führen. Sie musste etliche Geschäfte abklappern, bis sie endlich gefunden hatte, was sie brauchte. Ein anderes Problem, das sie wegen der Sanktionen hat, betrifft das Hundefutter. Die Auswahl ist geringer, und es ist teurer als früher.

„Wo bist du in den letzten 8 Jahren gewesen?" Diesen Propagandaspruch hört man heute oft von russischen Kriegsbefürwortern. Sie behaupten, der Krieg habe nicht letztes Jahr, sondern bereits 2014 im Donbass begonnen, wo ein „Völkermord an Russen" im Gange sei. Damit wollen sie die militärische Aggression Russlands rechtfertigen.

Ich kann nicht aufhören, die Nachrichten über den Krieg zu lesen. Am Sonntag hat eine russische Bombe ein großes Wohnhaus in Dnipro zerstört. Viele Menschen wurden getötet – noch ein weiteres Verbrechen der russischen Armee. Ich sah Fotos des Gebäudes und fand, dass es vielen Wohnhäusern in Russland ähnelte. Ich musste daran denken, wie oft ich in solchen Wohnungen gewesen war, was für mich die Tragödie emotional noch greifbarer machte. Als Reaktion auf den Angriff und aus Solidarität mit dem ukrainischen Volk legten einige Moskauer Blumen am Denkmal für die ukrainische Dichterin Lessja Ukrajinka nieder. Jemand legte ein Foto des zerbombten Gebäudes dazu. Zwei Personen wurden verhaftet, weil sie Blumen niedergelegt hatten und zwei weitere einfach nur deswegen, weil sie in der Nähe standen.

Nachdem ich 24 Stunden unterwegs war, kam ich endlich mit dem Zug in Kiew an. Am Ausgang des Bahnhofs hielt mich die Grenzpolizei an. Als die Polizistin meinen Pass sah, fragte sie mich, wann ich zuletzt in den russisch besetzten Gebieten gewesen sei. Ich erklärte ihr, dass ich 2014 zum letzten Mal dort war, um zu berichten, aber nicht mehr dorthin zurückdürfe, weil ich in Russland als Journalistin bekannt – und unerwünscht – sei. Die Antwort schien sie zu provozieren und verwirren, und sie schickte den Beamten vom Grenzschutz eine Nachricht. Als man ihr mitteilte, dass alles in Ordnung sei, durfte ich den Bahnhof verlassen. Die Ukrainer scheinen vergessen zu haben, dass man früher einmal ungehindert in die besetzten Gebiete ein- und ausreisen konnte, ohne als Spion oder Verräter in Verdacht zu geraten. Ukrainische Politiker halten selbst ganz normale Menschen, die diese Gebiete besuchen, für verdächtig. Es gehört zu ihrer Taktik des „Teilens und Herrschens".

K

Woche 48

Ich bin mir sicher, dass es in den Ländern, die noch Russen aufnehmen, unter den kürzlich Eingewanderten viele russische Geheimagenten gibt. In Deutschland organisieren Russen, von denen man annimmt, sie seien Spione, pro-russische Kundgebungen. Das ist sehr besorgniserregend. Es gibt einen alten Witz aus der Zeit des Euromaidan-Aufstands von 2014: „Wenn es aussieht wie ein Pferd, klingt wie ein Pferd und sich verhält wie ein Pferd, ist es sehr wahrscheinlich ein Pferd. Und wenn es sagt, es sei kein Pferd, dann ist es mit Sicherheit ein russisches Pferd." Ich habe Angst, dass diese verdeckten Agenten ukrainische Aktivisten und Journalisten in der EU ausspionieren. Ramsan Kadyrow, der Präsident Tschetscheniens, erklärte kürzlich, Leute, die an anti-russischen Protesten im Ausland teilnähmen, würden von pro-russischen Spezialkräften „exekutiert" werden. Ich selbst bin bisher noch nicht von russischen Spionen angesprochen worden, also ist im Moment wohl noch alles in Ordnung.

Ich komme mir vor, wie die Hauptfigur des Films „Und täglich grüßt das Murmeltier", die immer wieder denselben Tag erlebt: Ich wache auf, realisiere, wo ich bin, lese die Nachrichten, und was dann folgt, ist nur noch Schmerz. Ich versuche zu arbeiten – versuche, wenigstens ein paar einfache Dinge zu erledigen, um mich von meiner Lage abzulenken. Irgendwann im Laufe des Tages verfalle ich dann in eine Art Angstzustand, und ich unternehme einen Spaziergang durch die Stadt. Am nächsten Tag geschieht wieder haargenau dasselbe.

Letzte Woche erhielt ich eine Aufenthaltserlaubnis für sechs Monate. Als Nächstes will ich ein Arbeitsvisum für ausländische Künstler für vier Jahre beantragen. Aus dem Künstlerwohnheim bin ich ausgezogen und wohne jetzt bei französischen Freunden. Sie haben eine große Wohnung, aber auch eine große Familie. Ich habe schon jetzt das Gefühl, ihnen viel zu viel Platz wegzunehmen, und ich weiß, dass ich mir bald eine eigene Bleibe suchen muss. Gleichzeitig befürchte ich, dass ich mich, wenn ich mir hier eine eigene Wohnung miete, innerlich noch weiter von meiner Frau und meinen Kindern in Russland entferne. Ich habe Angst, den Kontakt zu ihnen zu verlieren. Wir telefonieren täglich, aber wir sprechen nicht über ihre Auswanderungspläne. Solange hier die konkreten Voraussetzungen für ihren Umzug noch nicht geschaffen sind, ist es emotional zu anstrengend, darüber zu sprechen. Seit vier Monaten haben wir uns schon nicht mehr gesehen, nicht mehr umarmt. Ich mache mir Sorgen, dass wir irgendwann getrennte Leben führen werden.

Diese Woche lag ich mit hohem Fieber in der Wohnung meiner Schwiegereltern in Kiew im Bett. Ich habe mich beim Essen in einem der besten Cafés Kiews mit Salmonellen infiziert, und es war furchtbar. Es ist mir noch nie so schlecht gegangen. Alles tat weh. Ich habe sogar aufgehört zu rauchen! Zum Glück gab es fast keine Stromausfälle, und Russland hat Kiew nur ein einziges Mal angegriffen. Wenn man in einem Kriegsgebiet krank wird, versucht man um jeden Preis zu vermeiden, ins Krankenhaus zu gehen, da man weiß, dass es bereits voller Menschen ist, deren Zustand viel kritischer ist als der eigene.

Ich habe viel zu viel zu tun, und der Stress belastet mich sehr. Meine Therapeutin meint, ich solle kürzertreten, um nicht den Verstand zu verlieren. Doch der Krieg treibt mich dazu an, immer härter zu arbeiten. Wie Alice im Wunderland muss ich so schnell rennen, wie ich kann, nur um am selben Fleck zu bleiben.

Diese Woche habe ich mehrmals geträumt, ich würde auf die Krim zurückkehren. In meinen Träumen sah ich meine alten Jugendfreunde und das Schwarze Meer wieder und besuchte die Badeorte Jalta und Koktebel. Es ist jetzt 9 Jahre her, dass ich von der Krim fortgezogen bin, und ich hätte nicht gedacht, dass ich die Insel immer noch so sehr vermissen würde. In Gedanken reise ich immer wieder zurück in die Vergangenheit. Es kommt mir vor, als ob mein wahres Ich – mein glückliches Ich – noch immer auf der Krim lebt, während sich mein anderes Leben hier abspielt, inmitten des Kriegs, des Leids und der Albträume. So wie mein älterer Sohn, der davon träumt, nach Kiew zurückzukehren, mit seinen alten Freunden zusammen zu sein, und von den Abenteuern, die sie dort gemeinsam erlebt haben, träume ich von einem alten Leben, das es nicht mehr gibt. Ich weiß, dass ich die Vergangenheit loslassen muss, aber das kann ich nicht, denn genau darum geht es ja in diesem Krieg: Wir wollen unser Land und unsere Vergangenheit zurückhaben.

Letzte Woche war ich auf einem Festival im Westen Frankreichs, wo ich zwei ukrainische Künstler traf, mit denen ich zwar schon zuvor in Kontakt gestanden, die ich aber noch nie persönlich kennengelernt hatte. Es war mein erstes richtiges Gespräch mit Ukrainern seit Beginn der Invasion, und ich fürchtete mich davor. Gleich zu Anfang sagten sie, dass sie mit mir lieber Englisch statt Russisch sprechen wollten, da die russische Sprache für sie negativ behaftet sei. Schließlich unterhielten wir uns sehr gut über unsere Arbeit, und ich war ihnen dankbar, dass sie so offen mit mir sprachen. Am Ende baten sie mich noch, nichts über unsere Begegnung in den sozialen Netzwerken zu posten, weil sie Angst vor möglichen Gegenreaktionen aus der ukrainischen Kunstszene hätten.

In letzter Zeit habe ich Atemprobleme. Ich glaube, sie sind psychisch bedingt, weil es mir mental nicht gut geht. Zum ersten Mal in meinem Leben überlege ich, zu einem Therapeuten zu gehen. Ich bin es leid, in Frankreich zu sein und Französisch zu sprechen. Alle um mich herum scheinen ein normales Leben zu führen, während ich das Gefühl habe, nicht dazuzugehören. Ich verliere mich in dieser Stadt und in diesem Land. Letzte Woche habe ich mir ganz spontan für morgen ein Flugticket nach Istanbul gebucht, und auch eins von dort aus nach St. Petersburg. Ich gebe mir eine Nacht in der Türkei, um zu entscheiden, ob ich den Plan, nach St. Petersburg weiterzufliegen, durchziehen werde. Meiner Frau habe ich noch nichts davon gesagt. Ich sehne mich so nach meiner Familie, und ich will beim Geburtstag meines jüngeren Kindes mit dabei sein. Aber ich habe auch Angst davor, bei meiner Rückkehr zur Armee eingezogen zu werden. In Chatrooms las ich einige Kommentare von Russen, die schrieben, sie hätten an der Grenze keine Probleme bei der Wiedereinreise nach Russland gehabt. Morgen Abend, wenn ich in Istanbul bin, werde ich mich entscheiden.

Beim Anblick der schneebedeckten Straßen Kiews frage ich mich, wie es wohl gerade in Kopenhagen aussehen mag, was meine Kinder so machen, und ob es ihnen gut geht. Ich vermisse sie so sehr, und ich vermisse die Straßen Kopenhagens. Ich fühle mich dort immer mehr zu Hause.

Ich bin zur belarussischen Grenze gefahren, um von dort zu berichten. Es gibt Befürchtungen, Russland könnte noch einmal von Norden aus in die Ukraine einmarschieren. Ich glaube zwar nicht, dass das passiert, weil die ukrainische Armee aus dem ersten gescheiterten Versuch Russlands, die Ukraine von Norden aus zu besetzen, gelernt hat. Ich sprach mit vielen Soldaten, die der Meinung waren, mit der Verteidigung in der Region liefe soweit alles bestens. Die örtlichen Verantwortlichen erzählten mir, das Grenzgebiet sei sumpfig und somit für die Russen und ihre Militärfahrzeuge schwer zu durchqueren. Bei meinen Interviews mit Ukrainern nahe der russischen Grenze fiel mir auf, dass sie weniger Angst vor den Russen haben als Leute, die weiter von der Grenze entfernt wohnen. Das scheint ein menschlicher Instinkt zu sein: Wenn man mitten in der Hölle lebt, versteht man die Gefahr besser und lernt, irgendwie damit umzugehen.

Nach meiner Rückkehr nach Kiew lud ich meinen Mann zu einem Stand-up-Comedy-Auftritt ein. Die Komiker machten Witze über die Bombenangriffe, über ihre Panikattacken und andere Aspekte des Krieges. Ich mag schwarzen Humor sehr. Das liegt wohl daran, dass ich Journalistin bin und viele Freunde habe, die ebenfalls Journalisten sind. Unser Zynismus hilft uns dabei, die schrecklichen Dinge, die wir sehen und hören und von denen wir lesen, zu bewältigen. Er schützt uns vor emotionalen Folgeschäden. Humor ist eine gute Medizin.

Als ich am Dienstag in Istanbul ankam, ergriff mich ein Gefühl der Vertrautheit. Ich übernachtete bei meinen russischen Freunden, und sie warnten mich davor, nach Russland zurückzukehren. Doch am nächsten Morgen stand meine Entscheidung fest, und um 7 Uhr morgens fuhr ich mit der U-Bahn zum Flughafen. Der Flug nach St. Petersburg war fast ausgebucht, und unter den Passagieren waren viele junge Männer. Bei der Landung schickte ich meiner Frau eine Nachricht, in der ich ihr schrieb, dass ich zum Geburtstag unseres jüngeren Kindes zu Hause sein würde. „Sei nicht wütend", schrieb ich, „aber ich komme nach Russland, auch wenn ich dadurch riskiere, an der Grenze verhaftet zu werden." – „Wo bist du?", antwortete sie, und ich schrieb zurück: „Ich bin schon auf dem Weg." Bei der Passkontrolle wurden keine Fragen gestellt, und ich konnte problemlos einreisen.

Auf dem Weg zu meiner Wohnung ließ ich den Taxifahrer anhalten, um Blumen zu kaufen, und merkte, dass ich den Tränen nah war. Als ich ankam, klingelte ich unten, und als sich die Tür automatisch öffnete, rannte ich die Treppe zu unserer Wohnung hoch. Ich schnaufte, war außer Atem und nervös. Die Tür ging auf, und vor mir standen meine Frau und mein jüngeres Kind (das ältere war noch in der Schule). Ich stürzte hinein, um sie zu umarmen, und im selben Moment sprang mir auch der Hund entgegen, fing an zu jaulen und hörte mehrere Minuten lang nicht mehr damit auf. Ich konnte gar nicht glauben, dass ich wieder zu Hause und mit meiner Familie vereint war. Meine Frau war gerade dabei gewesen, ein Geburtstagsessen für mein Kind zuzubereiten: Kartoffelbrei, Grillfleisch, Gemüse, Schnittchen mit rotem Kaviar und Kuchen. Ich fing sofort an, ihr dabei zu helfen, und ich kochte mit viel Hingabe. Ich hatte mich so lange danach gesehnt, wieder mit ihr zu kochen! Ich spürte sofort, dass dies der Ort ist, wo ich hingehöre: Alles um mich herum ist mir vertraut, alles um mich herum ist genau so, wie ich es liebe.

Letzte Woche besuchte ich Babyn Jar, den Ort, an dem im Zweiten Weltkrieg von den Nazis organisierte Massaker begangen wurden. Bei einem dieser Massaker starben in wenigen Tagen mehr als 33 000 Juden. Wenn man in der Gedenkstätte umherläuft, spürt man eine Verbindung mit dem Hier und Jetzt. Es fällt nicht schwer, sich vorzustellen, dass Millionen Menschenleben einfach ausgelöscht werden können, nur weil ein Psychopath es anordnet.

Ich denke an die über 33 000 Menschen, die bei den jüngsten Erdbeben in der Türkei und Syrien ums Leben gekommen sind. Experten befürchten, die Opferzahlen könnten sogar noch steigen. Die Bilder der in den Trümmern verschütteten Menschen gleichen denen aus der heutigen Ukraine. Der einzige Unterschied ist, dass das Erdbeben nicht vermeidbar war, dieser Krieg aber schon. Inmitten all dieses Grauens fällt es schwer, im Leben einen Sinn zu finden. Ich glaube nicht, dass dieser Krieg bald enden wird. Solange Russland von einem Faschisten regiert wird, wird die Bombardierung andauern. Wenn mir Leute sagen, Russland müsse vernichtet werden, damit dieser Krieg enden kann, erinnere ich sie stets daran, dass Russland immer unser Nachbar sein wird. Wenn wir Vergeltung üben, könnte der Krieg noch Jahrzehnte andauern. Wenn die Russen den Krieg verlieren – und das werden sie –, könnten sie versuchen, uns oder andere Länder erneut anzugreifen. Die Vernichtung Russlands würde das Problem nicht lösen. Wir brauchen Freiraum, um unsere Beziehung neu aufzubauen.

Vor dem Einmarsch feierten mein Mann und ich normalerweise immer Valentinstag. Diesmal blieben wir zu Hause und machten uns einen ruhigen Abend. Wir haben zu viel Arbeit und keine Zeit zum Feiern.

Ich bin schnell wieder in meine übliche St. Petersburger Routine verfallen: Ich führe den Hund aus, gehe einkaufen und koche für die Familie. Es kommt mir vor, als hätte es die letzten vier Monate der Trennung nicht gegeben. In den ersten Tagen widmete ich mich ganz meiner Frau und den Kindern. Dann aber fing ich wieder an, Nachrichten zu schauen, und die Realität holte mich ein. Wie kann ich Pläne für mein Leben schmieden, wenn mein Land so viel Leid verursacht? Nun, wo der erste Jahrestag des Krieges näher rückt, befürchtet meine Frau, die Regierung könnte die Grenzen wieder dichtmachen und eine neue Einberufung anordnen. Wir haben beschlossen, dass ich bald wieder nach Frankreich zurückkehren sollte, also habe ich mir ein Flugticket für Ende dieser Woche gekauft. Ich habe vor, Marseille als mögliche Option auszuloten, denn dort sind die Wohnungsmieten billiger als in anderen Gegenden Frankreichs. Ich habe das Gefühl, als hätte ich einen neuen Auftrag. Vielleicht ist es emotional ja diesmal einfacher für mich. Heute ist Valentinstag. Obwohl es keine russische Tradition ist, gehen wir heute Abend in ein Restaurant in unserer Nachbarschaft, um zu feiern.

Eine meiner Freundinnen hier erzählte mir von den vielen Abschiedspartys, auf denen sie in letzter Zeit war. Auch sie würde gern auswandern, kann es aber nicht, weil sie alleinerziehend ist und nicht die Mittel dazu hat. Ein anderer Freund ist wieder nach Russland zurückgekehrt, nachdem er ein paar Monate lang versucht hatte, sich in den USA ein neues Leben aufzubauen. Er sagte, dass Russland, ganz gleich wie verdorben das Land auch sei, für ihn der beste Ort der Welt sei, da sein Unternehmen hier floriere. Wenn es diesen Krieg nicht gäbe, würde ich genauso empfinden. Alles, was ich brauche, befindet sich hier: meine Familie, meine Freunde, meine Arbeit. Wenn der Krieg bald endet, will ich nach Russland zurückkehren – und ein besserer Künstler werden. Ich will mich in meiner Arbeit mehr auf menschliche Werte konzentrieren.

Neulich sagte mein Mann zu mir: „Schau uns nur an! Vor wenigen Monaten konnten wir uns nicht mal vorstellen, bunte Kleider zu tragen. Das wäre uns wie eine Sünde vorgekommen. Aber jetzt gehen wir sogar mitten in einem Kriegsgebiet auf Partys und haben Spaß!" Letzte Woche besuchten wir wieder eine Comedyshow. Das hilft gegen all unsere finsteren Gedanken über den Krieg und unsere Zukunft. Das letzte Jahr hat uns gelehrt, dass Krieg nicht das Schlimmste ist, was einem passieren kann. Das Schlimmste ist, wenn es keine glücklichen Momente mehr gibt – wenn man sich innerlich tot fühlt. Ich habe gemerkt, dass ich manchmal nichts mehr empfinde, wenn ich durch die Newsfeeds über die Opfer der russischen Angriffe scrolle, und das macht mir Angst. Aber ich weiß, dass diese emotionale Taubheit vorübergehen wird. Die Leere und der Schmerz – eines Tages werden sie verschwinden.

Zu Beginn des Einmarschs war so viel Hass in meinem Herzen. Ich verabscheute jeden, der in Russland lebt, und obwohl ich wusste, dass nicht alle Menschen dort schlimme Dinge tun, war ich voller Hass, weil die Russen nichts gegen dieses Grauen unternehmen. Und als ich mir dieser Gefühle bewusst wurde, habe ich mich selbst verabscheut. In unserer Gesellschaft bringt man Kindern bei, anderen nichts anzutun, mit Mitmenschen in Frieden zu leben, doch plötzlich ertappen wir uns dabei, wie wir denen, die unser Land überfallen haben, den Tod wünschen. Und diesen Todeswunsch spürt man ganz tief im Herzen. Das ist beängstigend. Die Feindschaft zwischen Ukrainern und Russen wird uns noch jahrelang begleiten, womöglich sogar Jahrzehnte. Meine Generation wird diese Gefühle nicht mehr loswerden können. Wir werden es unseren Kindern überlassen müssen, diese Animositäten zu überwinden. Und ich bin mir sicher, dass ihnen dies in der Zukunft irgendwie gelingen wird.

Vorgestern bin ich nach Frankreich zurückgekehrt. Am Tag vor meiner Abreise hatte ich ein seltsames Gefühl – als könnte ich mich gar nicht mehr erinnern, wieso ich Russland eigentlich verlassen habe. Mein jüngeres Kind flehte mich an, nicht wegzugehen, und auch ich wollte nicht fort. Jetzt bin ich zurück in Frankreich, in einer Stadt nahe der Küste. Es ist warm und frühlingshaft, und es kommt mir vor, als wäre ich im Urlaub – und ich verstehe noch immer nicht, wieso ich eigentlich hier bin. Diese Woche hält Putin eine Rede zum ersten Jahrestag der Invasion, und vielleicht werden bald noch mehr Russen in den Krieg eingezogen. Trotzdem frage ich mich jetzt, ob dies wirklich Grund genug für mich ist, mein Land und meine Familie zu verlassen. Ich habe Angst, den Kontakt zu ihnen zu verlieren. Vielleicht liegt es ja daran, dass ich schon vor langer Zeit die emotionale Bindung zu meinem eigenen Vater verloren habe. Ich möchte nicht, dass mir und meinen Kindern dasselbe passiert. St. Petersburg ist der Ort, wo ich hingehöre.

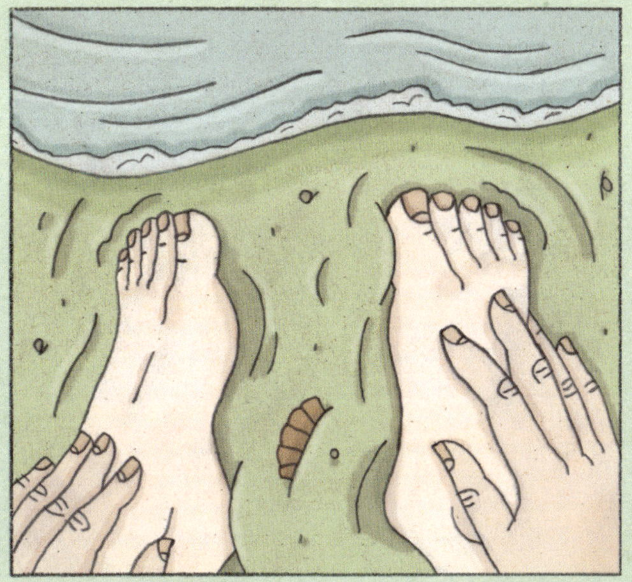

Länder führen Kriege, um ihre Stärke und Überlegenheit zu demonstrieren. Meiner Meinung nach aber demonstriert man damit nur seine eigene Dummheit. Offensichtlich haben wir nichts aus den Kriegen der Vergangenheit gelernt. Wir sollten mittlerweile verstanden haben, dass Kriege sinnlos sind. Durch diesen Krieg habe ich ganz vergessen, wie es sich anfühlt, über die Zukunft nachzudenken. Ich lebe nur noch im Hier und Jetzt. Über die Zukunft nachzudenken, macht mir Angst, weil ich das Gefühl habe, keinerlei Kontrolle mehr darüber zu haben. Der Krieg hat mich gelehrt, wie wichtig es ist, die Menschen um sich herum zu unterstützen, auch wenn es einem selbst nicht gut geht. Ich sage meiner Frau und meinen Kindern jetzt öfter, dass ich sie liebe. Vor dem Krieg habe ich diese Worte nur selten benutzt.

Der Krieg hat mir auch gezeigt, dass man seine Regierung in keiner Weise beeinflussen kann. Das ist furchtbar, aber es ist eine Tatsache.

Danksagung

Mein Dank gilt Terry Tang, Redakteurin der *Los Angeles Times*, für ihr anhaltendes Engagement für dieses Projekt; meiner Lektorin Kimmy Tejasindhu und meiner Art-Direktorin Chloe Rawlins bei Ten Speed Press für ihre Beratung und Unterstützung; und, allen voran, D. und K. für ihre Zeit, ihre Offenheit und ihr Vertrauen.

Außerdem danke ich den Folgenden:

Beniamino Ambrosi, Elyse Cheney, Adam Eaglin und Isabel Mendia von der Cheney Agency; Elaine Trevorrow von der EMT Agency; Corto Blommaert, Anne van Driel, Joris Heijkant, Koos Jeremiasse, Marije Randewijk, Leo Reijnen und Sophia Twigt von *De Volkskrant*; Stefano Cipolla and Sabina Minardi von *L'Espresso*; Carolin Gasteiger von der *Süddeutschen Zeitung*; Alberto Sotelo Alvarez von *El País*; Marco Ghidelli und Barbara Gizzi von Studio RAUM *Italic*; Felix Cruz, David Drake, David Hawk, Joey Lozada, Mark McCauslin, Dan Myers, Meggie Ramm, Allison Renzulli, Kate Tyler und Aaron Wehner von Ten Speed Press; Britta Egetemeier und Elisabeth Schmitten vom Penguin Verlag; Noosha Alai-South, Maria Bedford, Shauna Lacy und Fiona Livesey von Penguin UK; meinen studentischen Assistentinnen Stella Bellow und Miriam Spalinski; und Kathy Belden, Jim Cooke, Claudia Cucchiarato, Liese Mayer, Mykhailo Dianov, Simone Dollmann, Lorena Jones, Lasse Krug, Franz Krug, Rita Krug, Timothy Snyder, Emine Ziyatdinova, S. und A.

—

Um die Ukraine zu unterstützen, können Sie an United24, den Journalistischen Notfonds 2402 oder UNICEF Ukraine spenden.

Bildquellen

Seiten 4-5: Geologische Karte von Europa, Touring Club Italiano
Seite 13: Postkartenansicht der Straße Velyka Volodymyrska in Kiew/Ukraine
Seite 30: Postkartenansicht des Primorskij Boulevard in Odessa/Ukraine
Seite 69: Postkartenansicht der Frauen-Abendschule in Sumy/Ukraine
Seite 97: Postkartenansicht des Hafens von Jalta, Krim/Ukraine

Die Autorin

NORA KRUG, geboren 1977 in Karlsruhe, studierte Bühnenbild, Dokumentarfilm und Illustration in Liverpool, Berlin und New York. Ihre Zeichnungen und Bildergeschichten erscheinen regelmäßig in großen Tageszeitungen und Magazinen (u. a. *The New York Times*, *The Guardian*, *Le Monde diplomatique*). Sie ist Fulbright-Stipendiatin und erhielt zahlreiche Preise und Förderungen, u. a. der John Simon Guggenheim Memorial Foundation, der Pollock-Krasner Foundation und der Maurice Sendak Foundation. Das Victoria and Albert Museum in London verlieh ihr 2019 den Titel „Illustrator of the Year".
Krug illustrierte die grafische Adaption von Timothy Snyders Brandschrift *Über Tyrannei*, die von der *New York Times* zu einer der „Best Graphic Novels of 2021" und von der Stiftung Buchkunst zu einem der „Schönsten Deutschen Bücher 2021" gewählt wurde. Nora Krugs Debüt *Heimat. Ein deutsches Familienalbum* feierte als internationales Buchereignis einzigartige Erfolge.
In den USA wurde es unter anderem mit dem National Book Critics Circle Award ausgezeichnet. Die *New York Times*, der *Guardian* und das *Time Magazine* wählten es als ein „Best Book of 2018" aus. In Deutschland erhielt *Heimat* den Evangelischen Buchpreis und wurde 2022 zur Schullektüre ernannt.
Nora Krug ist Professorin für Illustration an der Parsons School of Design in New York und lebt in Brooklyn.

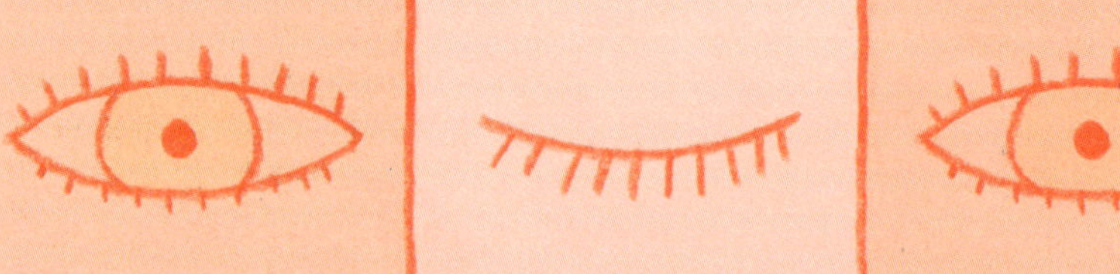

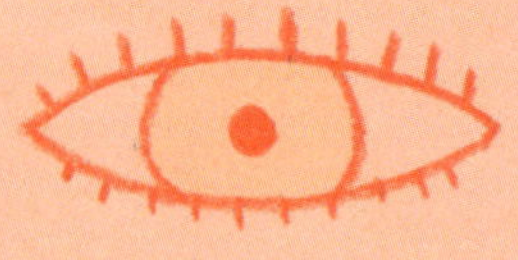

Für S. und A.

Die Originalausgabe erschien 2023 unter dem Titel *Diaries of War* bei Ten Speed Graphic, einem Imprint der Crown Publishing Group, Penguin Random House LLC, New York.

Auszüge aus diesem Buch wurden zwischen Februar 2022 und Februar 2023 in *Los Angeles Times*, *Süddeutsche Zeitung*, *L'Espresso* (Italien), *El País* (Spanien) und *De Volkskrant* (Niederlande) veröffentlicht. Ein Teil des Erlöses aus dem Verkauf wurde an humanitäre, journalistische und militärische Organisationen in der Ukraine gespendet.

Penguin Random House Verlagsgruppe FSC® N001967

2. Auflage

Penguin Random House Verlagsgruppe GmbH,

Neumarkter Str. 28, 81673 München

Bildbearbeitung: Lorenz+Zeller GmbH, Inning am Ammersee

Layout, Satz und Umschlaggestaltung: Barbara Gizzi, Studio RAUM *Italic*, Berlin, nach einer Vorlage von Nora Krug, Chloe Rawlins und Meggie Ramm

Umschlagabbildungen: Nora Krug

Druck und Bindung: aprinta druck GmbH

Printed in Germany

ISBN 978-3-328-60325-2

www.penguin-verlag.de

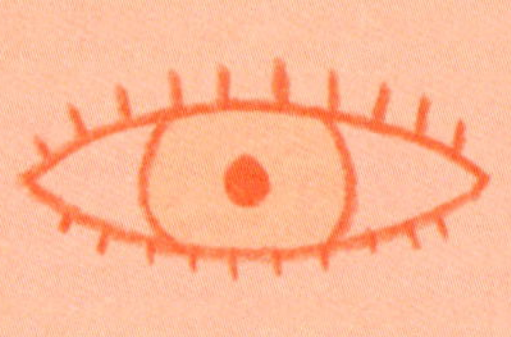

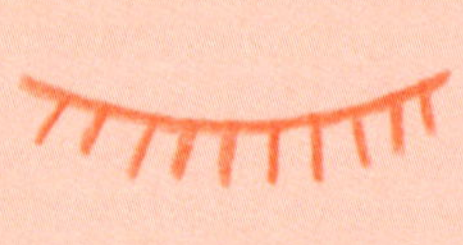

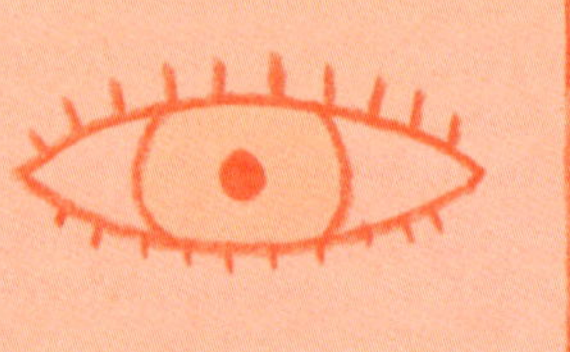